半矮秆水稻之父 黄耀祥

The Father of Semidwarf Rice Huang Yaoxiang

主编 王丰

广东科技出版社
全国优秀出版社
·广州·

图书在版编目（CIP）数据

半矮秆水稻之父黄耀祥/王丰主编．—广州：广东科技出版社，2023.5
ISBN 978-7-5359-7981-0

Ⅰ．①半… Ⅱ．①王… Ⅲ．①黄耀祥—事迹 Ⅳ．①K826.3

中国版本图书馆CIP数据核字（2022）第195064号

半矮秆水稻之父黄耀祥
Ban'aigan Shuidao zhi Fu Huang Yaoxiang

出 版 人：	严奉强
责任编辑：	区燕宜　于　焦
封面设计：	柳国雄
责任校对：	李云柯　廖婷婷
责任印制：	彭海波
出版发行：	广东科技出版社
	（广州市环市东路水荫路11号　邮政编码：510075）
销售热线：	020-37607413
http://www.gdstp.com.cn	
E-mail：	gdkjbw@nfcb.com.cn
经　　销：	广东新华发行集团股份有限公司
印　　刷：	广州市彩源印刷有限公司
	（广州市黄埔区百合三路8号　邮政编码：510700）
规　　格：	787 mm×1 092 mm　1/16　印张11　字数220千
版　　次：	2023年5月第1版
	2023年5月第1次印刷
定　　价：	98.00元

如发现因印装质量问题影响阅读，请与广东科技出版社印制室联系调换（电话：020-37607272）。

《半矮秆水稻之父黄耀祥》编委会

主　　编：王　丰
副 主 编：涂从勇　林青山　黄拱文　何秀英　肖　昕
编　　委：卢定威　钟旭华　黄冉兑　李晓芬　江奕君
　　　　　叶香玲　叶凤林　刘海英　李健雄　潘俊峰
　　　　　陈国荣　李　锐　刘　斌　罗飞苑　白　嵩
　　　　　江远汉　郑智华　黄章慧　黄广艺　陈建酉
　　　　　刘志霞

半矮秆水稻之父 黄耀祥
（1914—2004）

纪念水稻矮化育种
60 周年

暨黄耀祥院士诞辰
105 周年

  黄耀祥，研究员，广东省江门市开平市人，1939 年毕业于中山大学农学院，曾任广东省农业科学院副院长，1995 年当选为中国工程院院士。他是水稻矮化育种的先驱，首次通过人工杂交育种技术于 1959 年成功培育出第一个大面积应用的半矮秆水稻品种"广场矮"，引领了世界农业发展史上的第一次绿色革命，被誉为"半矮秆水稻之父"，同时也是中国超级稻研究计划的主要发起人。

  他一生从事水稻生态育种研究，创造性提出加快育种进程的组群筛选法。主持育成"广陆矮 4 号""双桂 36""桂朝 2 号""特青 2 号""七山占"等 60 多个大面积推广应用的水稻优良品种，在解决粮食安全和人们温饱问题方面发挥了巨大的作用。

兴国为怀 两论引路
构想实践 不断创新

黄耀祥

二〇〇三年七月二十八日

前　言

Foreword

粮食，是生命之源，是能量之源，是力量之源；它给予人类生命和灵魂。只有亲身经历过、亲眼看见过忍饥挨饿的人，才能更加深切地体会到粮食的不可或缺性。我们今天能过上幸福生活，要感谢那些为人类生存和发展作出贡献的农业科学家。

20世纪50—60年代，世界范围内以成功选育小麦、水稻矮秆品种为主体的农业技术革新引发了农业史上第一次绿色革命，它缓解了人口增长给粮食安全供给造成的巨大压力，解决了全球性缺粮和饥荒的危机。这场绿色革命的核心是主要粮食作物小麦和水稻矮秆品种的成功选育，标志是20世纪50年代诺曼·E.勃劳格培育成功的半矮秆小麦品种"Pitic62"和黄耀祥选育的半矮秆水稻品种"广场矮"，以及1966年在菲律宾的国际水稻研究所（International Rice Research Institute，IRRI）培育出的半矮秆水稻品种"IR8"。

黄耀祥是水稻矮化育种的开创者。中国水稻矮化育种是世界农业发展史上第一次绿色革命的重要组成部分，发挥着引领作用。

在水稻矮化育种开始之际，广东省潮阳县（今广东省汕头市潮阳区）的洪春利和洪群英在1956年育成了耐肥抗倒的高产品种"矮脚南特"。同年，台湾台中区农业改良场的洪秋增通过人工杂交技术育成了矮秆水稻品种"台中在来1号（TN1）"。但这两个矮秆品种的育成并未对水稻育种产生革命性的影响。1959年，黄耀祥等通过人工杂交选育出半矮秆水稻品种"广场矮"，其育成后迅速在生产上大面积推广应用，不仅解决了当时农民渴望解决的水稻高产与倒伏问题，而且还找到了一条通过人工杂交快速培育水稻矮秆高产良种的育种新途径，促成了中国籼稻品种迅速矮秆化。黄耀祥的研究成果被学术界誉为"开创了世界水稻育种的新纪元"，在国际水稻研究所访问时被尊称为"半矮秆水稻之父"。

中国的水稻育种史上，曾实现了两次重要突破，第一次是20世纪50年代末60年代初矮化育种的成功，把水稻产量提高了50%左右；第二次是20世纪70年代中期杂交水稻的研究成功，使水稻产量在矮秆良种的基础上又增长了20%左右。黄耀祥引领的水稻矮化育种，实现了水稻单产的第一次突破和飞跃，并为第二次绿色革命——杂交水稻的育种成功与应用奠定了重要基础。水稻矮化育种60多年来，全国累计推广种植矮秆水稻品种11.7亿多公顷，增产稻谷1.8万多亿千克。这不仅对促进粮食大幅度增产、解决人民的温饱问题作出了重要贡献，而且奠定了我国在这一领域的世界领先地位，使我国成为水稻育种强国，为保障世界粮食安全贡献了中国力量。

"所贵惟贤，所宝惟谷。""稻"是生存之道、发展之道，一米一饭关系国家安危、人民幸福。

"一甲子孜孜追求，新时代再谱新篇。"从1959年水稻矮化育种成功算起，2019年恰逢水稻矮化育种60周年，在农业农村部、中国工程院和广东省委省政府的大力支持下，于2019年6月29日在中国水稻矮化育种的发源地——广州，开展了系列纪念活动，并编写《半矮秆水稻之父黄耀祥》一书，时隔三年付梓，再现黄耀祥"以农立国，振兴中华"的感人事迹，回顾他求实创新、执着追求取得的科研硕果，向世界展示中国水稻矮化育种的原创技术，有利于推动全社会形成珍惜粮食、尊重科学的良好风气。同时，在书中收录了水稻矮化育种60周年纪念活动过程中的系列感人场景与珍贵瞬间，作为永久的留念。我们在怀念矮化育种开创者黄耀祥院士的同时，更应该继承和发扬老一辈科学家为国为民、兼济天下的爱国情怀，严谨务实、开拓创新的科研风骨。只有这样，才能把中国人的饭碗牢牢端在自己手中！

本书在编写过程中，得到了广东省农业科学院水稻研究所全体同仁，以及热心此事的农业科研人员和社会人士，特别是黄耀祥院士亲属与老同事们的鼎力支持，谨此致谢！

本书难免有不尽如人意的地方，疏漏之处还请社会各界人士包涵并指正。

编　者

2022年6月

目 录

Contents

■── **黄耀祥生平**
A Biography of Huang Yaoxiang / 1
　　人物经历及成就速览 / 1

■── **黄耀祥传略**
A Profile of Huang Yaoxiang / 4
　　水稻育种先驱——献给水稻矮化育种开创者黄耀祥院士 / 4
　　绿色革命六十载，天下粮安系终生——半矮秆水稻之父黄耀祥院士的学术成就回顾 / 11

■── **科学成就**
Achievements / 25
　　建立水稻生态育种科学体系 / 25
　　建立高效育种技术与方法 / 34
　　育成的推广应用成效品种 / 38
　　发表的论文与论著 / 38

■── **所获奖励与荣誉**
Awards and Honours / 43
　　科技成果奖励 / 43
　　获得荣誉 / 45

■── **社会评价**
Public Responses / 49

学术地位与社会影响
Academic and Social Impacts / 53
引领了第一次绿色革命 / 53
丰富和发展了水稻育种学 / 53
打破"中国人养活不了自己"的断言 / 53
为第二次绿色革命——杂交稻育种成功奠定了坚实基础 / 54

黄耀祥精神
The Spirit of Huang Yaoxiang / 55
与时俱进、敏锐创新的精神 / 55
深入生产、求真务实的精神 / 56
持之以恒、不畏艰辛的精神 / 57
执着追求、严谨治学的精神 / 57

黄耀祥故事
Stories of Huang Yaoxiang / 58
解放思想：发挥良种风华正茂的优势 / 58
提拔青年：成立"袖珍田"青年小组 / 58
以农兴国：矮化育种引领绿色革命 / 58
服务人民：农民眼中的"祥叔" / 59
永不放弃：特殊时期的阳台育种 / 59
严谨治学：做黄老的助手不容易 / 60

学术交流
Academic Exchange / 61

服务生产
Service for Rice Production / 77

■—— **传承发展**
Inheritance and Development / 86
　　广东水稻生态育种走在世界前列——讲述黄耀祥及其科研团队背后鲜为人知的故事 / 86
　　寄托哀思，追随父辈理想 / 90
　　传承黄耀祥生态育种学　再创水稻育种新辉煌 / 94

■—— **结语**
Concluding Remarks / 97

■—— **附录1　黄耀祥部分重要论文**
Appendices 1　Some important papers published by Huang Yaoxiang / 98

■—— **附录2　水稻矮化育种60周年纪念暨水稻产业科技大会专题报道**
Appendices 2　Special Reports on the 60th Anniversary of Rice Semidwarf Breeding and Sci-Tech Conference of Rice Industry / 126
　　追寻黄耀祥足迹！这6个地方勾勒出他的一生 / 126
　　这就是黄耀祥精神的力量！ / 132

■—— **附录3　纪念水稻矮化育种60周年系列活动掠影**
Appendices 3　Glimpses of Commemorative Activities for the 60th Anniversary of Rice Semidwarf Breeding / 139
　　"中国稻作科学之父"丁颖与"半矮秆水稻之父"黄耀祥铜像落成典礼 / 139
　　黄耀祥院士纪念馆开馆仪式 / 148
　　水稻矮化育种60周年暨水稻产业科技大会 / 151
　　纪念水稻矮化育种60周年国际学术研讨会 / 157

黄耀祥生平
A Biography of Huang Yaoxiang

人物经历及成就速览

- 1914年8月17日，出生于广东省开平县（今广东省江门市开平市）。

- 1935年，考取中山大学物理系。半年后改读中山大学农学院农学系农艺专业，主攻作物遗传育种学，兼攻农林化学及土壤农化。

- 1938年，黄耀祥随导师丁颖深入云南省农村调查，总结了当地单季稻亩产六七百斤（斤为非法定计量单位，1斤＝500克）的丰产经验，写成题为《云南省澄江县稻田深耕法之考察》的毕业论文，深得导师的赏识，并在中山大学农学院主办的《农声》杂志上发表。

- 1939年，黄耀祥从中山大学毕业后，经导师丁颖推荐，被分配到云南省昆明市第一农事试验场工作。

- 1941年，他回到家乡，到广东省稻作改进所工作。同年7月他担任技士兼郁南分区指导员，后任技正，为广东稻作改良五年计划实施辛勤工作。

- 1946年5月，他辞去职务，回到家乡开平县改行教书糊口。

- 1949年10月，他到华南区农业推广繁殖场（今广东省农业科学院水稻研究所前身之一，1952年改名为广东省农业试验场），从事水稻育种及其应用基础理论研究工作。

黄耀祥父亲

黄耀祥母亲

黄耀祥

1953年，育成种植面积较大的高秆籼稻良种"广场13"。

1959年，育成第一个半矮秆水稻品种"广场矮"，开创了水稻矮化育种的先河。

1966年，育成推广面积最大的矮秆水稻品种"广陆矮4号"，累计种植面积近3亿亩（亩为非法定计量单位，1亩≈666.67米^2）。同年在《作物学报》第1期发表《广东水稻矮化育种工作的初步总结》。

1976年，育成了早、晚兼用的著名高产良种"桂朝2号"，开始了水稻丛化育种，该品种至1990年累计推广种植面积1.8亿亩。

1978年，水稻矮化育种获全国科学大会奖。

1979年，在丛化育种基础上，应用组群筛选法进行选育，育成了丛生快长、早晚兼用的矮秆品种"双桂1号"及"双桂36"。两品种累计推广种植面积6 300多万亩。同年黄耀祥被授予"全国劳动模范"称号。

1980年，黄耀祥在《广东农业科学》第1期发表《水稻杂交育种"组群筛选法"之研究》。

1984年，育成半矮秆"早长"超高产育种代表性品种"特青2号"。

1985年，"早中晚兼用丛生快长类型籼稻新品种'双桂1号'的育成及其种性研究"获国家科技进步奖二等奖。

1986年，参与编撰的由中国农业科学院主编的《中国稻作学》（主笔"矮化育种"部分）由农业出版社（今中国农业出版社）出版。

1988年，获"广东省有突出贡献的专家"称号。

1989年，被国务院授予"全国先进工作者"称号。

- 1995年,当选为中国工程院院士。同年与杨守仁教授一起向农业部(今农业农村部)建议设立中国超级稻研究计划。

- 1997年,"水稻半矮秆'早长'超高产株型模式和第三代超高产品种'胜优'的育成"获国家技术发明奖二等奖。

- 1999年,成功育成了第一代产量潜力超700千克/亩的优质、超高产、高效的新品种"胜泰1号"。

- 2002年,黄耀祥在北京国际水稻大会上做了《水稻生态育种科学体系的构建和新进展——两源并举"超优势稻"的选育》的报告。

- 2004年2月22日,黄耀祥因病医治无效,在广州逝世,享年90岁。

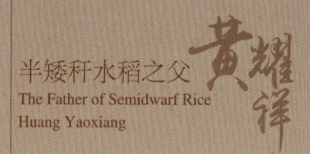

黄耀祥传略
A Profile of Huang Yaoxiang

水稻育种先驱
——献给水稻矮化育种开创者黄耀祥院士

黄耀祥，中国工程院院士，出生于有中国侨都、院士故乡之称的江门，"以农立国，振兴中华"是他一生的志向和追求。他通过人工杂交培育出第一个大面积应用的半矮秆水稻品种——"广场矮"，开创了一条水稻矮化育种新途径，引领了农业史上的第一次绿色革命。他在科研一线奋斗至生命最后一刻，先后主持培育出60多个水稻良种，累计种植面积115亿亩以上，造福了广大人民；他不断总结、完善，建立了一整套行之有效的育种理论体系，为水稻科学研究奠定了基础。他用一生践行着自己的座右铭"兴国为怀，'两论'引路，构想实践，不断创新"。

这是简单的一生，他只专注于水稻育种一件事。这是不平凡的一生，他开创了水稻矮化育种的先河，培育了大批高产水稻新品种，为解决人民温饱问题作出了巨大贡献。

"半矮秆水稻之父""世界上最有经验的育种家"……这些美誉，足以彰显他的学术地位和科研贡献。

在家人眼中，他是把全部精力和时间投入水稻育种中的"工作狂"；在同行眼中，他是注重实践、严谨认真、敏锐执着、富有思想的科学家；在后辈眼中，他是对工作有高要求和高标准的引路人；在农民朋友眼中，他是朴素而又亲切慈祥的"祥叔"。

半个多世纪的风雨兼程，任凭岁月雕琢，黄耀祥赤诚的育种初心依然闪耀。他孜孜不倦追寻育种梦想的精神，犹如灯塔，照亮了一代代育种人前行的道路。

一 以农立国 振兴中华

人生有很多选择。选择自己最热爱的事业并创造价值，这一生将值得被铭记。

"说实在的，半个世纪以来，我是在和水稻种子打交道的过程中度过的，除了种子还是种子，至今满脑袋装的都是种子。"从黄耀祥的一份院士自述中，我们可以清晰地看到他对水稻事业的炽热之情。这是一位纯粹的、有情怀的水稻育种家。心有大我，至诚育种，这份情怀，从哪里来？

走上水稻育种之路，和黄耀祥的儿时经历息息相关。

广东省开平市百合镇金龙村第十一巷，二十多栋老砖房连成片。时间在这里留下了深深的印记，走进其中一间老屋，楼顶已经坍塌，只剩下几面墙，墙壁上长满了青苔，老屋后面有一栋三层的碉楼，已被葱郁的爬山虎占领。这是黄耀祥出生的地方。老屋在5月的大雨中显得愈发深沉，滴滴雨声带我们回到了一百多年前。

1914年8月17日，黄耀祥出生在一个贫农家庭。父亲漂泊海外，在加拿大以照相谋生，每隔几年才回家一次。黄耀祥兄妹五人在母亲的拉扯下长大成人。"丰年喝粥汤，歉年饿断肠"成为他儿时的记忆。艰辛的生活，让黄耀祥懂得了"谁知盘中餐，粒粒皆辛苦"的道理。

从父亲那里了解到华侨在海外谋生艰难的情况，黄耀祥立志"读书救国"。1935年，他考上了中山大学物理系。

"1935年是决定我一生奋斗方向的关键一年。"黄耀祥在自述中写道。因目睹了家乡贫困落后，以及农民终年辛勤劳作却不得温饱的情形，黄耀祥内心不禁发问："中国是一个农业大国，农业不兴，何来中华民族的振兴？"

"以农立国，振兴中华"这八个字深深地埋在了黄耀祥的心底。他用行动证明了自己的内心想法：入学半年后，毅然从物理系转入农学院农学系，学习农艺专业，主攻作物遗传育种学。

一颗育种梦的种子，就此落地生根。只待时机成熟，破土发芽，茁壮成长。

幸运的是，黄耀祥师从"中国稻作科学之父"——丁颖。1936年，丁颖将

华南品种"早银占"与印度野生稻杂交,从杂交稻后代中选出每穗几百粒甚至千余粒的系统,俗称"千粒穗"。一个穗子带有一千多粒稻种,这震惊了当时的稻作学界。

"丁颖老师培育的'千粒穗'让我对农业科学产生了更大的兴趣,进而把朴素情感化为坚强的事业心,立志以丁颖导师为榜样,投身水稻育种事业。"黄耀祥在为实现水稻育种梦准备着。

从事水稻育种事业,黄耀祥却几经波折。

1939年,黄耀祥从中山大学毕业后,经导师丁颖推荐,被分配到云南省昆明市第一农事试验场工作。1941年2月,他被调回广东省稻作改进所,先后任技士、技正,工作了6年。1946年5月,因不满权势之争,他辞去工作,改行边教书糊口、边自修英语,计划出国深造。

之后,黄耀祥再次迎来了人生重要转折点。1949年10月,在广州解放的第二天,黄耀祥主动要求回到农业科研战线,来到华南区农业推广繁殖场工作。

从此,黄耀祥的水稻育种事业拉开了序幕,十余年前埋下的种子终于迎来了发芽之机。

大胆创新
开始水稻矮化育种

位于广州市天河区翰景街8号的一栋两层楼房坐落在高楼林立的闹市中,在二楼的外墙壁上,挂着写有"望稻楼"三个绿色繁体字的牌匾。这三个字似乎在诉说着曾经的辉煌。这块牌匾是1988年春挂上去的。30多年前,黄耀祥站在这栋楼上,可以360°欣赏在田间生长的水稻,"望稻楼"的名字由此而来。

望稻楼所在地曾是广东省农业试验场。在这里,黄耀祥度过了他人生中的重要阶段,水稻矮化育种的奇迹便在这里发生。

初到育种岗位,黄耀祥就有了一些成果。短短4年,他带领育种团队选育了"江南1224""广场13"。

1953年,"广场13"参加高产栽培试验,因颗大粒重,被人称赞"好禾"。然而,一场台风却让田间的"好禾"全倒了,也将黄耀祥原本那份欣喜全刮跑了。

"多好的禾呀,全倒了,能不能搞出不怕台风的种子呢?"站在田间,听完老农的一番话,黄耀祥便下定决心,培育茎秆粗硬的"大个子"品种。随后几年，黄耀祥培育出"广场 36 号"。然而，即使茎秆再粗，水稻在台风肆虐下依然不堪一击。

此路不通！面对抗倒伏这个难题，在田间徘徊的黄耀祥陷入深深的思考，俗话说树大招风，秆越高受到的风力越大，"大个子"不行，"矮个子"呢？于是，寻找秆矮节密、根群发达的矮稻作为亲本，培育出矮秆稻新品种的想法形成了。

正是他这一番思考，使水稻育种史上迎来一次重大突破。

黄耀祥带着团队从广东数千个品种中寻找矮稻，还写信向外省寻求品种。功夫不负有心人，广西壮族自治区玉林市寄来的"矮仔占"成为20世纪60—80年代矮化育种最重要的矮秆资源。

从1955年起，黄耀祥将引进的矮秆资源"矮仔占"，与生产上推广的高秆品种"广场13"进行杂交与系选，1959年，他终于培育出第一个经人工杂交的半矮秆水稻品种"广场矮"。"广场矮"的育成，使水稻每亩产量由200～250千克提高到350～400千克，实现了水稻单产第一次质的飞跃。

"20世纪60—70年代，由矮化育种带来的粮食产量大幅提高称为第一次绿色革命。事实上，真正的矮化育种始于广东省农业科学院水稻育种家黄耀祥。"中国工程院院士陈温福说，"真正的矮化育种并不是始于1966年与67年（1967年），而是始于更早一些的广东省农科院（今广东省农业科学院），当时黄耀祥培育出了半矮秆水稻品种叫'广场矮'，要比国际水稻研究所培育出的奇迹稻'IR8'早七八年。因此，如果说矮化育种是引发绿色革命最重要因素的话，那么，黄耀祥院士是功不可没的。"

中国水稻研究所前所长熊振民在《我国水稻超高产品种选育的理论与实践》一文中指出："矮秆品种的育成并在生产上推广应用，中国比其他产稻国家领先了10年。矮化育种是中国水稻育种史上一个重要的里程碑，在国际水稻研究上也是划时代的成就。"

"黄耀祥先生水稻矮化育种的成功，使他获得了1978年全国科学大会奖，这是有记载以来中国第一个通过人工杂交培育出的半矮秆高产水稻品种，并在生产上大规模推广应用，为被我们誉为绿色革命的杂交水稻的研究与成功应用，奠定了十分重要的基础。"中国科学院院士谢华安说道。

国际水稻研究所称他为"半矮秆水稻之父"，国际水稻研究所原育种系主任、首席育种家Khush（Gurdev S. Khush）博士赞誉他是"世界上最有经验的育种家"，这对黄耀祥来说，名副其实。

三 育种结硕果 彪炳水稻史

"兴国为怀,'两论'引路,构想实践,不断创新",这是黄耀祥回忆这一生走过的道路时,给自己总结的座右铭。他深信实践出真知,也一直在化解各种矛盾中不断突破,获得新进展、新发现。

成功者之所以成功,是因为他们孜孜不倦地追求。正是在十六字座右铭的激励下,黄耀祥在探索水稻育种发展之路上稳步前行,硕果累累。

开始矮化育种后,黄耀祥又通过研究提出生态育种理论科学体系,以株型育种为核心,朝着矮化,丛生,早生快长、早长、根深,穗大粒多,光合势强等目标,逐步把矮化育种向前推进。

20世纪60年代,黄耀祥开始高光效株型与高产功能相结合的"丛化育种工程",于1976年和1979年分别育成了丛生快长良种"桂朝2号"和"双桂1号"。

20世纪80年代,开展实施"半矮秆'早长'超高产育种工程",培育了"特青2号""胜优1号""胜优2号"特大穗型、超高产品种。

20世纪90年代,开展"半矮秆'早长、根深'超高产(特)优质育种工程",育成"七秀占""望稻1号""奇妙香"等品种。

下面一组数据足以说明黄耀祥水稻育种的贡献。

1959年通过人工杂交育成第一个半矮秆水稻品种"广场矮",截至1999年的40年间,黄耀祥带领团队主持培育了大面积推广的品种就有60多个,累计种植面积115亿亩以上,为社会增产稻谷2 100亿千克,增值2 100亿元。

20世纪70年代中期,矮秆品种年种植面积高达1.5亿亩,其中"广陆矮4号"为矮秆品种之冠,"桂朝2号"最高产量达1 045.4千克/亩,是全国第一个每亩产量超吨的水稻品种,创全国水稻亩产最高纪录。

矮化育种60年来,据不完全统计,全国累计推广矮秆籼稻良种175亿亩以上,在高秆品种基础上增产稻谷累计高达17 500亿千克。

黄耀祥是中国超级稻研究计划的发起人之一,促成了中国超级稻研究计划重大研究项目的正式启动,拉开了倍受国内外关注的中国超级稻研究的帷幕。他育成的"胜泰1号"2005年被农业部遴选为我国首批超级稻示范品种之一。

在育种方法上,黄耀祥创造了加快育种进程的组群筛选法,提高了育种成效。

他的育种成果已成长为一棵枝繁叶茂的大树。许多知名度较高的杂交稻亲本,如"珍汕97A""珍汕97B"等都是由他育成的矮秆品种"广场矮""珍珠矮"及它们的衍生品系(含"二九矮")等进一步杂交选育而成的。

他的心很"大",想用自己的力量,解决老百姓吃饭的问题;他的心又很"小",小到装不下自己和家人。他扛起了这份责任,最终,成为水稻史上的骄傲。

四 执着追求 奉献一生

广东省农业科学院内,一栋房子掩映在几棵大树下,这里是黄耀祥的家。这栋房子的一楼有一间二十多平方米的房间,被他命名为"论稻居",这里是他晚年工作的地方。

走进房间,一排书柜上摆满了与水稻育种相关的书籍和材料,泛黄的书籍讲述着育种的故事。《中国稻种资源目录》《水稻生态育种》《杂交水稻育种》……这里保存了黄耀祥大量的手稿和论文资料,还有一些种子包装,上面标明了品种名。好学的黄耀祥自学日语,其中还有不少日语书籍。

奇迹属于执着者,成功属于顽强者。黄耀祥是一位执着的顽强者。正是因为他的执着追求,才圆了他的水稻育种梦。

从1949年开始,他怀着满腔热血,把全部精力和时间投入水稻育种事业中,在广东省农业科学院从事育种工作,一干就是50多年。直到2004年,在病逝的前几天,躺在病床上的他仍不忘自己的育种事业,还惦记着地里生长的水稻。他燃烧自己50多年的生命,为水稻事业绽放光芒。

"我从事水稻育种,当我把它和祖国与人民的命运联系在一起的时候,我就会感到一股无穷无尽的力量。不论面临什么困难,我想到的仍然是我的育种事业,我真正做到了'咬定青山不放松''任尔东西南北风'。"面对困难,他从未想过放弃。在黄耀祥身上,每一分坚持,都是成功的累积。

在黄耀祥二儿子黄拱文的记忆中,父亲对育种事业十分热爱,不管条件多

艰苦，他都一直在坚持。

他回忆，20世纪60年代，父亲育种工作受到影响，家里成为育种阵地，"父亲在家里买了很多大花盆，我从郊区帮忙拿了很多泥巴，放在花盆里，父亲就在家里培育水稻，水稻快成熟的时候，我们就买了很多的铁丝网，架起了网室，防止鸟儿吃稻种。"

父亲工作的认真劲儿给孩子留下了深刻的印象。"父亲是一个很专心做事的人，我同学到家里来玩，他们都说我父亲坐在那里工作，不管我们怎么吵怎么闹，父亲一点都不受影响。"黄拱文说。

大儿子黄冉兑关于父亲的记忆是自己背着书包和父亲一起行走在田间，看一片片水稻。在黄冉兑的记忆中，父亲只有大年初一和过生日那天才会抽出2个小时陪家人，其他的时间，他都给了水稻育种，"正是因为父亲的坚持，他才取得了水稻育种的巨大成就。"

下田是水稻育种人的日常生活，而这一习惯，黄耀祥一直在坚持。翻看黄耀祥的照片，最多的是他在田间察看水稻的场景。

一把雨伞，一根拐杖，一个放大镜，这是黄耀祥晚年下田时必备的"三件套"。一顶帽子，一副眼镜，一身朴素的中山装，就是黄耀祥的装扮。1973年，陈顺佳到广东省农业科学院水稻研究所工作时成为黄耀祥的得力助手。陈顺佳回忆，在共事的十多年时间里，60多岁的黄耀祥总是喜欢下田看看。

广东省农业技术推广总站副站长林青山在黄耀祥身边工作多年，"黄院士80多岁，田间路不好走，在大家的搀扶下，或者让人背着，也要到田里去看品种。"

黄耀祥严谨认真的工作态度给广东省农业科学院水稻研究所研究员江奕君留下了深刻印象，"我们写学习报告或者论文，他要求我们写两行字空一行，黄院士要仔细阅读并修改。"1998年1月，江奕君到华中农业大学参加国家农作物改良中心、分中心建设研讨会后撰写的报告上还保留着黄耀祥的修改痕迹。

黄耀祥也有亲切慈祥的一面，偶尔也会来点幽默，很多人叫他"祥叔"。

"黄耀祥是很慈祥的，我在30多岁的时候和他相识，他叫我小陈，我从他身上受到了很多启迪，这对我育种事业帮助很大。"中国工程院院士陈温福说。

注重实践、严谨认真、敏锐执着、富有思想，这就是水稻育种家黄耀祥。在黄耀祥执着追求育种梦精神的影响下，水稻育种人拿起了接力棒，正在创造新的成绩。

绿色革命六十载,天下粮安系终生
——半矮秆水稻之父黄耀祥院士的学术成就回顾

涂从勇,王 丰

(广东省农业科学院水稻研究所,广东 广州 510640)

摘要:在水稻矮化育种成功 60 周年之际,回顾了半矮秆水稻之父黄耀祥院士在水稻育种研究方面的巨大成就。1959 年通过人工杂交成功培育出世界上第一个大面积应用的半矮秆水稻品种——"广场矮",开创了一条水稻矮化育种的新途径。水稻矮化育种的成功,使水稻单产实现了第一次飞跃,与墨西哥的小麦矮化育种一起,引领了农业史上的第一次绿色革命,并为第二次绿色革命——杂交水稻的研究与发展奠定了重要基础。此后,在水稻矮化育种基础上,黄耀祥院士先后开创了水稻丛化育种、半矮秆"早长"超高产育种、半矮秆"早长、根深"超高产(特)优质育种和超级稻育种等方法,创建了高效的杂交育种组群筛选法,从而建立了水稻生态育种科学体系,丰富和发展了水稻育种学。黄耀祥院士带领育种团队先后培育出 60 多个水稻新品种,其中推广面积超过 66.7 万公顷的品种有 15 个,先后获得国家、省(部)级等各类科技成果奖 14 项,为我国粮食增产和水稻科技进步作出了重大贡献。通过回顾黄耀祥院士在水稻育种研究上取得的主要成就,总结他不断解决水稻生产问题的思路和方法,展示他求真务实、敏锐创新、甘于奉献、执着追求的精神品质,以期对农业科研工作者有所启迪和激励。

关键词:水稻;水稻矮化育种;绿色革命;生态育种;组群筛选;广场矮

Sixty Years' Devotion to Green Revolution and A Life Time Commitment to Food Security
—Review on the Academic Achievements of Huang Yaoxiang, Father of Semi-dwarf Rice Breeding

TU Congyong, WANG Feng

(*Rice Research Institute, Guangdong Academy of Agricultural Sciences, Guangzhou 510640, China*)

半矮秆水稻之父 黄耀祥
The Father of Semidwarf Rice
Huang Yaoxiang

Abstract: On the 60th anniversary of the success of rice dwarf breeding, the author reviewed the great achievements made by Academician Huang Yaoxiang, the father of semi-dwarf rice, in the field of rice breeding research. He led the team to develop the world's first widely used indica dwarf rice variety, Guangchang'ai, through artificial hybridization in 1959, and created a new way of rice dwarf breeding. The success of dwarf rice breeding has realized the first leap in rice yield per unit area, and led the first Green Revolution in agricultural history with dwarf wheat breeding in Mexico together. And it also laid an important foundation on the research and development of hybrid rice, the second Green Revolution. On the basis of rice dwarfing breeding, he successively initiated "cross combination and population selection","semi-dwarf,early-growing and super-high yield breeding", "semi-dwarf, early-growing, deep-rooted and super-high yield（special）quality breeding" and "super rice breeding", and established an efficient "group screening method" for the conventional hybridization breeding, and then formed a scientific system of ecological breeding, which has enriched and developed the discipline of rice breeding. He led the breeding team to develop more than 60 rice varieties, including 15 varieties with an area of more than 66.7×10^4 hm^2. He successively won 14 awards for various scientific and technological achievements at the national, provincial（ministerial） level, and made great contributions to the increase of grain yield and the progress of rice science and technology in China. In this paper, we summarized Academician Huang Yaoxiang's thoughts and methods for solving the problems encountered in rice production, and also demonstrated his spirit of seeking truth, being practical, sharp, innovative and willing to dedicate and pursue persistently in rice breeding research by reviewing his major achievements made in rice breeding.

Key words: rice; dwarf rice breeding; green revolution; ecological breeding; cross combination and population selection; Guangchang'ai

"民以食为天，食以稻为先。"水稻是我国最主要的粮食作物，全国约有60％的人口以大米为主食，水稻在我国粮食生产和农业发展中具有举足轻重的战略意义。中华人民共和国成立以来，随着人口逐年增加，有限的耕地已难以解决人们的温饱。因此，提高主粮作物水稻等的产量，满足人们日益增长的粮食需求，成为各级政府和广大科研人员的首要任务。

以黄耀祥为首的华南农业科学研究所粮食作物系（广东省农业科学院水稻研究所前身之一）专家们经过大胆创新、艰苦探索，通过利用引进的矮秆资源与生产上推广的高秆品种杂交与系选，培育出世界上第一个迅速大面积应用的籼型半矮秆水稻品种——"广场矮"[1]，实现了水稻单产的第一次突破和飞跃，开创了水稻矮化育种新途径，并为第二次绿色革命——杂交水稻的育种成功与应用奠定了重要基础。在水稻矮化育种成功的基础上，黄耀祥院士在构想与实践的历程中，不断分析问题、解决问题和总结经验，分阶段提出了明确的育种目标和相应的技术路线，逐步解决了水稻生产上遇到的一系列难题，建立了较为完善的水稻生态育种体系，丰富和发展了水稻育种学。60年来，矮秆水稻品种累计种植面积11.7多亿公顷，增产稻谷1.8万多亿千克，为我国的粮食增产和水稻科技进步作出了巨大贡献。

2019年正值水稻矮化育种成功60周年，本文旨在通过回顾黄耀祥院士"以农立国，振兴中华"的感人事迹和在水稻科研方面的丰功伟绩，总结他不断解决水稻生产中遇到的各种问题的思路和方法，展示以黄耀祥院士为首的老一辈育种家求真务实、敏锐创新、甘于奉献、执着追求的精神品质，以此激励年轻的科技工作者更好地为我国水稻科技与产业发展，作出自己应有的贡献。

黄耀祥院士（1914—2004）

半矮秆水稻品种"广场矮"

1 水稻矮化育种成就及其社会影响

1.1 水稻矮化育种的提出与创立

千百年来，我国南方水稻产区都是种植高秆品种，每遇台风暴雨，水稻就会严重倒伏减产。中华人民共和国成立后，随着生产条件的改善和施肥水平的提高，增肥增产与倒伏的矛盾日益突出。为选育耐肥、抗倒的水稻高产品种，黄耀祥及其科研团队进行了艰苦的探索，但早期主要通过高秆品种与高秆品种之间的杂交进行改良和提高抗倒性，所以一直未能取得突破性进展。后来，他从"树大招风"的民谚中得到启发，认为水稻茎秆愈高，茎秆基部受到折力愈大，抗倒性就差，并由此产生通过降低株高来提高水稻品种抗倒性的矮化育种想法，研究重点转向培育矮茎秆水稻品种。1955年，黄耀祥将引进的矮秆资源"矮仔占"，与其培育的生产上大面积推广的高秆品种"广场13"进行杂交与系选，在1959年首次通过人工杂交育成了第一个迅速在生产上大面积推广应用的半矮秆水稻品种"广场矮"。"广场矮"的成功育种，证明利用矮秆品种作为水稻杂交育种的矮秆资源，可以培育出矮秆抗倒的高产品种，并由此开创了一条水稻矮化育种的新途径。

1.2 水稻矮化育种的快速发展与推广应用

在通过人工杂交育种途径成功地培育出半矮秆水稻品种"广场矮"之后，黄耀祥带领团队成员，利用相同的杂交育种方法，相继育成了早籼中熟矮秆品种"珍珠矮"，早籼早熟矮秆品种"广解9""广陆矮4号"，以及晚稻矮秆品种"广二矮""广秋矮"等，逐步实现了水稻矮秆品种的熟期配套，使水稻矮化育种得到迅猛发展。至20世纪60年代中期，广东省基本实现了早稻品种矮秆化，大面积种植每亩产量由过去的200～250千克迅速提高到350～400千克，一举改变了广东传统的"早四晚六"（指双季稻产量早稻占四成、晚稻占六成）的早稻低产局面。与此同时，矮秆水稻品种快速向南方其他省推广，至1965年，全国矮秆品种种植面积达到148万公顷。20世纪70年代中期，水稻籼型矮秆品种在全国年种植面积累计达1 000万公顷，其中"广陆矮4号"在长江流域双季稻区种植面积之大，利用时间之长，为常规稻矮秆品种之冠。20世纪70年代后期，我国南方籼稻区基本实现了水稻品种的矮秆化。

1.3 水稻矮化育种的社会影响

1.3.1 引领了农业发展史上的第一次绿色革命

水稻矮化育种的成功和矮秆品种的大面积推广应用，不仅提高了水稻的抗倒伏能力与收获指数，有效地解决了长期以来农民渴望解决的水稻倒伏和产量不高的问题，而且打破了自水稻开展杂交育种以来，局限于高秆与高秆品种之间进行不良性状改良的老传统，在世界水稻育种史上是一次重大突破，引发了水稻育种的一场"绿色革命"[2-3]。

"广场矮"比后来在国际上曾经轰动一时的、由菲律宾国际水稻研究所1966年育成的、被称为"奇迹稻"的"IR8"早了7年，半矮秆水稻品种在生产上的应用比其他稻作国家早了10年。中国的水稻矮化育种与墨西哥的小麦矮化育种一起，引领了农业发展史上的第一次绿色革命。

1.3.2 为解决中国人的温饱问题发挥了巨大作用　早在1957年,全国籼稻平均每亩产量仅为179.5千克,全面矮秆化后的1979年,全国籼稻品种平均每亩产量达到283.0千克,每亩增产103.5千克[3]。按1990年全国籼稻种植面积每年2 934万公顷计[3],60年来,矮秆水稻品种累计种植面积11.7亿多公顷,增产稻谷1.8万多亿千克,为解决中国人民的温饱问题发挥了巨大作用,从此打破了国外有人认为"中国人养活不了自己"的论断。

1.3.3 为中国水稻育种处于世界领先地位奠定了重要基础　水稻矮化育种的成功,实现了水稻单产的第一次飞跃,也是中国在水稻育种领域领先世界的一次重大突破。此后在水稻矮化育种成功的基础上,又进一步地开始了杂交稻育种,杂交稻早期最重要的亲本"珍汕97A""V41A""Ⅱ-32A"等,都是由黄耀祥及其团队育成的矮秆品种"广场矮""珍珠矮"及它们的衍生品系杂交选育而成的[3]。中国科学院院士谢华安说:"黄耀祥先生水稻矮化育种的成功,使他获得了1978年全国科学大会奖,这是有记载以来中国第一个通过人工杂交培育出半矮秆高产水稻品种,并在生产上大规模推广应用,为被我们誉为绿色革命的杂交水稻的研究与成功应用,奠定了十分重要的基础。"美国最著名的水稻育种家Charlie Bollich博士评价说:"谈到今后10年甚至20年以后需要的水稻(亲本)品种时,我会考虑我已在进行试验的中国品种'桂朝'('桂朝2号')和'特青'('早长'特点)。"[4]国际水稻研究所称黄耀祥为"半矮秆水稻之父",国际水稻研究所原育种系主任、首席育种家Khush博士赞誉他是"世界上最有经验的育种家"。

2　以水稻矮化育种为基础,建立水稻生态育种科学体系

黄耀祥长期深入生产实际,针对生产上出现的问题不断改进育种方法,提出正确的育种思想、目标和相应的技术路线。在矮化育种成功的基础上,他先后开创了水稻丛化育种、半矮秆"早长"超高产育种、半矮秆"早长、根深"超高产(特)优质育种和超级稻育种等方法,创建了高效的杂交育种组群筛选法,从而建立了水稻生态育种科学体系[5-6],丰富和发展了水稻育种学。

2.1　开始丛化育种,提出组群筛选法

20世纪70年代,针对广东省高温多湿、昼夜温差小,以及阴天多、日照少等生态特点,为进一步提高水稻品种的产量潜力,黄耀祥带领团队开始高光

效株型与高光效叶片功能相结合的丛化育种[7]。利用当时发现的"桂阳矮"系统（包括"桂阳矮1号"及其衍生系统"桂阳矮C17"），以"桂阳矮1号"的姐妹系"桂阳矮49"为母本，与株型好、光合效率较高的"朝阳早18"进行杂交，于1976年育成早、晚兼用的高产品种"桂朝2号"。"桂朝2号"在云南省宾川县作中稻种植时，最高产量达1 045.4千克/亩，创全国水稻单产最高纪录，是全国第一个每亩产量超吨的水稻品种[8]。其后，他又利用"桂阳矮C17"与"桂朝2号"杂交，并应用组群筛选法进行选育[9]，于1979年育成了丛生快长、早晚兼用的矮秆品种"双桂1号"及"双桂36"。该类型品种除了有矮源基因控制秆高外，还具有前期生长迅速、分蘖旺盛、丛生矮生、满苗而少荫蔽，拔节后长粗长高快，抽穗、成熟期间仍保持旺盛的光合势等特点。每亩产量一般为500千克左右，在丰产性和适应性上较之前育成的品种均有进一步提高。丛生快长类型育种是我国籼型水稻育种矮源利用的新发展[10]。

2.2 开始半矮秆"早长"超高产育种

20世纪80年代，为应对人口增长与耕地日益减少的问题，黄耀祥带领团队继续向更高的目标产量攀登。在适当保持半矮秆和丛生快长类型综合优良性状的基础上，选育在营养生长前期就能长出较长、较厚、较大的叶鞘和叶片类型品种，该类型品种叶面积指数相对较高，以利于营养物质的大量合成、积累和运转，为孕育大穗提供物质保证。育成的代表品种有"特青2号""胜优2号"和"双朝25"等，开始了以"早长"孕大穗为主导的半矮秆"早长"超高产育种[11]。"特青2号"于1986年、1987年在广东省潮阳县（今广东省汕头市潮阳区）作为双季晚稻种植，最高产量达825.2千克/亩，比当时生产上推广的三系杂交稻"汕优63"产量还高[12]；1989年在云南省宾川县作中稻种植，创造了1 017.5千克/亩的高产产量纪录；在美国连续多年生产试验中，"特青2号"比当地主栽品种"Lemont"每亩增产150千克以上，增产极显著。1990年"特青2号"被农业部列为全国重点扩繁的水稻新品种之一。

"胜优2号"集高产高效、抗稻瘟病和白叶枯病、优质等优点于一体。经两年省区试比对照种增产达极显著水平，增长率高达16.1%，生产上大面积种植一般可比常规当家品种增产15%以上，其姐妹系"胜优1号"于1990年晚造在潮阳县经过实割验收，产量达857.5千克/亩，创下我国双季稻一造亩产最高纪录[13]。该类型品种高产性能较"桂朝2号"和"双桂1号"又前进了一大步，水稻半矮秆"早长"超高产育种是水稻矮化育种和丛化育种的继承和发展，是水稻株型育种又一新突破。

2.3 开展半矮秆"早长、根深"超高产(特)优质育种

20世纪90年代初,为适应生产发展新形势的需要,黄耀祥及其团队在注重地上部半矮秆、早长基础上,强调对地下部水稻根系的研究,提出"理想根系"的概念,实现地上部和地下部"两源并举",开展了以"早长、根深"为主导的超高产(特)优质水稻育种研究[14]。"理想根系"要求根系分布深广、健壮、活力旺盛,对地下营养和水分的吸收能力强。"理想根系"的这些特点保证了大穗型品种生长前期吸收营养和水分的能力强,利于"早长";生长后期保持叶色青翠,转色顺调,有利于提高结实率和饱满充实度,最终实现高产[15]。育种目标开始从产量兼顾到稻米品质,育成的该类型代表品种有"奇妙香系列""优质品系""丝苗香12""七秀占""高科13"和"金科占系列"等。

2.4 发起并实施中国超级稻育种

1995年,黄耀祥院士与杨守仁教授一起向农业部建议设立中国超级稻研究计划,主动承担了农业部跨世纪"新曙光计划"重大科技攻关项目——中国超级稻研究[16]。黄耀祥育种团队通过"早长、根深"的高产耐肥新株型构建和塑造,1999年成功育成了第一代产量潜力超700千克/亩的优质、超高产、高效新品种"胜泰1号"[17],2005年通过农业部首批超级稻品种确认。2002年,超级稻在国际水稻大会上得到广泛认同。2004年2月黄耀祥院士逝世后,他所带领的水稻育种团队在继承他的水稻生态育种科学体系基础上,结合华南稻区的生态特点,开展了华南籼型常规超级稻育种理论与技术的研究,构建了"华南早晚兼用型优质超级稻株型模式",育成了"桂农占""王香油占""合美占"和"金农丝苗"4个优质超级常规稻品种[18-19],占同期全国确认的籼型超级常规稻品种总数的50%,超级稻研究居国际领先水平。

3 黄耀祥院士育成的品种与获奖成果

3.1 育成的主要品种

黄耀祥院士从事水稻育种50多年,针对水稻生产上出现的问题,先后分别开展了水稻矮化育种、丛化育种、半矮秆"早长"超高产育种、半矮秆"早长、根深"超高产(特)优质育种和超级稻育种,每个育种阶段都成功育成一

批符合育种目标的新品种，由于这些品种符合水稻生产需要，综合性状优良，往往都能快速大面积推广种植。黄耀祥带领育种团队先后共培育出60多个水稻新品种，其中推广面积超过66.7万公顷的品种有15个，对农业增产发挥了巨大作用。

育成的大面积推广品种统计表
Varieties with large cumulated planting area

品种 Variety	育成年份 Year released	推广面积 Planting area/10^4米^2
广场13 Guangchang13	1953年	>67（统计至1965年）
广场矮 Guangchang'ai	1959年	>200（统计至1985年）
珍珠矮 Zhenzhu'ai	1962年	1 133（统计至1987年）
广秋矮 Guangqiuai	1963年	>67（统计至1985年）
二九矮 Erjiuai	1963年	67（统计至1990年）
广解9号 Guangjie 9	1964年	80（统计至1985年）
双竹占 Shuangzhuzhan	1966年	100（统计至1995年）
广陆矮4号 Guangluai 4	1966年	1 713（统计至1987年）
广塘矮 Guangtang'ai	1968年	100（统计至1985年）
桂朝2号 Guichao 2	1976年	1 200（统计至1990年）
双桂1号 Shuanggui 1	1983年	332（统计至1997年）
双桂36 Shuanggui 36	1986年	90（统计至1993年）
特青2号 Teqing 2	1988年	93（统计至2010年）
双朝25 Shuangchao 25	1990年	74（统计至2010年）
七山占 Qishanzhan	1991年	148（统计至2009年）

3.2 主要获奖成果

黄耀祥院士善于开拓创新，解决了水稻生产上一系列重大难题。20世纪50年代，提出作物生态育种决策，开始水稻矮化育种，促进我国籼稻矮秆化并居国际领先地位，水稻矮化育种1978年获全国科学大会奖。20世纪70年代发现和利用新的具有sd-g的矮性基因源，开始丛生快长高光效高产株型育种，达到穗数和穗重在较高水平上的结合，使稻谷产量大大提高，"早中晚兼用丛生快长类型籼稻新品种'双桂1号'的育成及其种性研究"1985年获国家科技进步奖二等奖。20世纪80年代以来先后开创半矮秆"早长"和半矮秆"早长、根深"株型模式构想,培育出特高产、超高产大穗型的水稻新品种,是水稻育种的重大突破,"水稻半矮秆'早长'超高产株型模式和第三代超高产品种'胜优'的育成"1997年获国家技术发明奖二等奖。晚年又育成了优质超级稻品种在生产上推广种植,创造了巨大的社会效益、经济效益。共计获得国家、省(部)级等各类科技成果奖励14项,其中主持完成的国家级获奖成果4项。

主持完成的国家级获奖科技成果

Major scientific and technological achievements winning national award

获奖年份 Year awarded	成果名称 Achievements	奖项 Award level
1978年	水稻矮化育种	全国科学大会奖
1985年	早中晚兼用丛生快长类型籼稻新品种"双桂1号"的育成及其种性研究	国家科技进步奖二等奖
1995年	优质、高产、多抗早晚兼用水稻新品种"七山占"	国家科技进步奖三等奖
1997年	水稻半矮秆"早长"超高产株型模式和第三代超高产品种"胜优"的育成	国家技术发明奖二等奖

4　黄耀祥精神对科研工作的启迪

年少时的黄耀祥目睹了国内不少穷苦农民难得温饱、无奈背井离乡的情景,他青年时立志"以农立国,振兴中华",让老百姓吃饱饭、吃好饭成了他一生的志向和追求。为实现人生理想与奋斗目标,他终身孜孜以求、甘于奉献,留下了许多宝贵的精神财富,对科研工作具有重要的启迪作用。

4.1　与时俱进、敏锐创新的精神

20世纪50年代,针对水稻生产上高秆品种易倒伏减产的难题,黄耀祥带领科研团队进行了艰苦的探索,开创出水稻矮化育种的新途径。此后,他又根据不同阶段水稻生产发展与社会需求变化,在矮化育种的基础上,先后开创了水稻丛化育种、半矮秆"早长"超高产育种、半矮秆"早长、根深"超高产(特)优质育种和超级稻育种等方法,从而建立了水稻生态育种科学体系。生态育种主要是根据各地生态特点,依靠塑造理想株型,趋利避害,扬长避短,发挥当地优势,提高品种的生产潜力。他认为从塑造具有理想的形态、结构和生理、

生态特点出发的株型育种是生态育种的关键所在。

在育种技术方法上,以常规杂交育种为主,同时又及时应用先进的新技术,如辐射诱变育种、化学诱变育种、组织培养技术等[20-21]。在品种培育选择上,为缩短品种育种周期,1977年他提出了组群筛选法,通过相应的田间设计,便有可能在第三代筛选出性状基本稳定的优良品系。后期他对组群筛选法做了进一步的改进,提出了"两源并举组群筛选育种新方法"。他的成功,就是源于他敏锐的观察力和与时俱进、敢于创新的内在特质。

4.2　深入生产、求真务实的精神

黄耀祥培育出60多个水稻良种,这些品种高产性能突出、适应性广,往往不推自广,种植面积大,利用时间长,对农业增产发挥了巨大作用。之所以能取得如此巨大的成绩,与黄耀祥院士长期深入生产实际、重视总结群众经验,并注意把经验升华为理论,提出正确的育种目标、思路和采取恰当的技术路线是分不开的。他的足迹遍及整个华南、云贵川三省等部分稻区,开展生产调研和良种种植推广工作,深受各地政府和农民的欢迎。长期以来,黄耀祥以毛泽东的《实践论》和《矛盾论》为指导,深信"实践出真知"。

1995年12月7日,这位育种家还亲笔写下了他一生作为座右铭的16个字:"兴国为怀,'两论'引路,构想实践,不断创新"。

4.3　甘于奉献、不畏艰辛的精神

黄耀祥取得如此大的成就,与他一心一意搞研究,持之以恒、不畏艰辛的精神是分不开的。他致力水稻育种研究50多年,为我国水稻育种事业奉献了一生,在他家人和同事看来,他的心中只有水稻。无论是否上班,一遇到水稻方面的问题,他就会叫助手一起来研究。出差回来无论多晚,他都会第一时间到试验田观察,在掌握水稻生长状况后才离开。他临终前几天还在牵挂水稻育种工作,把助手叫到病床前讨论水稻育种材料的种植安排问题。"春蚕到死丝方尽,蜡炬成灰泪始干"是黄耀祥院士的最好写照。他的这种精神,将永远激励与鞭策水稻科研工作者们努力向上,勇攀科学高峰。

4.4　执着追求、严谨治学的精神

黄耀祥对育种事业十分热爱,不管条件有多艰苦他都一直坚持。在育种工作条件最困难的时候,他克服困难在自家阳台上开展水稻培育,延续着他的育

种工作。黄耀祥对待自己、对待团队成员都始终坚持高标准、严要求，力求每一个环节和细节都做到最好。他的团队成员撰写和发表论文，他要逐字逐句反复修改，直至没有任何问题才让发表。在选择育种材料时，他教导年轻的科技人员如何充分发挥官能鉴定的作用，他认为官能鉴定是科学与艺术的结合，不仅要看单株长相，更要看群体结构；不仅要看静态，更要看动态，分析其内部生理的相关性，从而判断是否有发展苗头。育种上他更是亲力亲为，80多岁仍深入生产一线的田间地头考察水稻生长情况，有时田埂不方便行走，他就让年轻同事背着他走。每次下田都会带上一根竹竿，用竹竿拨动水稻植株，观察水稻的抗病虫性、抗倒性、穗重等农艺性状，他经常戏称"竹竿子里面出品种"。

5 结语

"一粒种子可以改变世界。"60年前，以"广场矮"为标志的半矮秆水稻品种培育成功，拉开了水稻矮化育种的序幕，并实现了中国水稻产量的第一次飞跃。在矮化育种的基础上，袁隆平院士又成功地创制出杂交水稻育种技术并成功应用，由此带来了中国水稻产量的第二次飞跃。中国的科学家们在水稻育种上的不断创新与发展，不仅解决了中国人的温饱问题，而且让我们的育种技术走出国门，让世界人民不再饥饿。"以农兴国，振兴中华"正是水稻矮化育种的开创者黄耀祥院士一生的奋斗目标，他用短暂的一生去实现让人们吃饱饭、吃好饭的愿景。

人的生命是有限的，但精神是永存的。2019年恰逢矮化育种60周年，也是黄耀祥院士诞辰105周年，我们通过回顾黄耀祥院士的学术成就，挖掘其闪亮的精神品质，让其成为我们宝贵的精神财富，激励年轻的科技工作者为水稻科技的发展潜心钻研，为乡村振兴努力奋斗。

参考文献（References）

[1] 广东省农业科学院. 广东水稻矮化育种工作的初步总结[J]. 作物学报，1966，5(1)：33-40.
  GUANGDONG ACADEMY OF AGRICULTURAL SCIENCES. Summary of rice dwarfing breeding in Guangdong Province [J]. Acta Agronomica Sinica，1966，5(1)：33-40.
[2] 熊振民，闵绍楷，程式华. 我国水稻矮源的研究与利用[J]. 水稻文摘，1988，7(4)：1-5.

XIONG Z M,MIN S K,CHENG S H. Research and utilization of rice dwarf sources in China [J]. Rice Abstracts,1988,7(4):1-5.

[3] 林世成,闵绍楷. 中国水稻品种及其系谱[M]. 上海:上海科学技术出版社,1991:6-9.

LIN S C,MIN S K. Rice varieties and pedigrees in China [M]. Shanghai:Shanghai Scientific & Technical Publishers,1991:6-9.

[4] CHARLIE B. Future rice varieties will change directions [J]. Rice Journal,1991(2):10-14.

[5] 黄耀祥. 作物育种的战略性决策——水稻生态育种[J]. 广东农业科学,1990(4):3-7.

HUANG Y X. Strategic decision of crop breeding—rice ecological breeding [J]. Guangdong Agricultural Sciences,1990(4):3-7.

[6] 黄耀祥. 水稻生态育种科学体系的构建及新进展[J]. 广东农业科学,1999(5):2-6.

HUANG Y X. Construction and new progress of scientific system of rice ecological breeding [J]. Guangdong Agricultural Sciences,1999(5):2-6.

[7] 黄耀祥,陈顺佳,陈金灿,等. 水稻丛化育种[J]. 广东农业科学,1983(1):1-6.

HUANG Y X,CHEN S J,CHEN J C,et al. Dense growing breeding of rice [J]. Guangdong Agricultural Sciences,1983(1):1-6.

[8] 黄耀祥,陈顺佳,陈金灿. 水稻新品种"桂朝"的种性及高产栽培要点[J]. 广东农业科学,1978(4):21-24.

HUANG Y X,CHEN S J,CHEN J C. Variety characteristics and high yield cultivation points of new rice variety "Guichao" [J]. Guangdong Agricultural Sciences,1978(4):21-24.

[9] 黄耀祥. 水稻杂交育种"组群筛选法"之研究[J]. 广东农业科学,1980(1):5-13.

HUANG Y X. Study on "group selection method" in rice hybrid breeding [J]. Guangdong Agricultural Sciences,1980(1):5-13.

[10] 谢重庆,朱立宏. 籼稻矮源遗传研究——论"双桂""丛桂"等品种矮生性的遗传性质[J]. 南京农业大学学报,1989(3):1-6.

XIE C Q,ZHU L H. Genetic studies on dwarfism in indica rice—The inheritance of semidwarfism of Cultivars "Shuanggui 1 and 36" as well as "Conggui 226" [J]. Journal of Nanjing Agricultural University,1989(3):1-6.

[11] 黄耀祥. 水稻超高产育种研究[J]. 作物杂志,1990(4):1-2.

HUANG Y X. Super high yield breeding of rice［J］. Crops,1990（4）：1-2.

［12］周笃进，黄桂章，陈顺佳. 水稻新良种"特青2号"获高产［J］. 广东农业科学，1987（1）：36.

ZHOU D J，HUANG G Z，CHEN S J. High yield of new rice variety "Teqing 2"［J］. Guangdong Agricultural Sciences，1987（1）：36.

［13］黄耀祥，林青山，郭丹丹. 水稻新品种"胜优2号"及其主要栽培技术［J］. 广东农业科学，1993（6）：6-7.

HUANG Y X，LIN Q S，GUO D D. New rice variety "Shengyou 2" and Its main cultivation techniques［J］. Guangdong Agricultural Sciences，1993（6）：6-7.

［14］黄耀祥，林青山. 水稻超高产、特优质株型模式的构想和育种实践［J］. 广东农业科学，1994（4）：1-6.

HUANG Y X，LIN Q S. Conception and breeding practice of super-high yield and super-high quality plant type model of rice［J］. Guangdong Agricultural Sciences，1994（4）：1-6.

［15］周汉钦，林青山，陈文丰，等. 超高产特优质水稻根系特点初探［J］. 广东农业科学，1997（6）：11-14.

ZHOU H Q，LIN Q S，CHEN W F，et al. Preliminary study on root characteristics of super-high yield and excellent quality rice［J］. Guangdong Agricultural Sciences，1997（6）：11-14.

［16］黄耀祥. 半矮秆、早长根深、超高产、特优质中国超级稻生态育种工程［J］. 广东农业科学，2001（3）：2-6.

HUANG Y X. Ecological breeding project of semi-dwarf, early-growing, deep-rooted, super-high-yield and super-high-quality Chinese Super Rice［J］. Guangdong Agricultural Sciences，2001（3）：2-6.

［17］林青山，江奕君，程俊彪，等. 优质、超高产水稻新品种"胜泰1号"的选育［J］. 广东农业科学，1999（3）：4-6.

LIN Q S，JIN Y J，CHENG J B，et al. Breeding of new rice variety "Shengtai 1" with high quality and super high yield［J］. Guangdong Agricultural Sciences，1999（3）：4-6.

［18］江奕君，林青山. 华南双季超级稻育种的实践与体会［J］. 广东农业科学，2005（1）：16-18.

JIN Y J，LIN Q S. Practice and experience of double cropping super rice breeding in South China［J］. Guangdong Agricultural Sciences，2005（1）：16-18.

[19] 刘军，江奕君，高云，等. 华南广适性超级常规稻株型特点初探[J]. 广东农业科学，2005（1）：23-25.

LIU J，JIN Y J，GAO Y，et al. Preliminary study on plant type characteristics of wide-adaptability super conventional rice in South China [J]. Guangdong Agricultural Sciences，2005（1）：23-25.

[20] 黄慧君，林青山，黄道强，等. 影响籼稻花药培养效果的综合因素研究[J]. 广东农业科学，1998（1）：2-5.

HUANG H J，LIN Q S，HUANG D Q，et al. Study on comprehensive factors affecting anther culture of indica rice [J]. Guangdong Agricultural Sciences，1998（1）：2-5.

[21] 刘传光，涂从勇，林青山，等. 提高籼稻花药长期继代离体培养物再分化率的研究[J]. 中国农学通报，2002，18（4）：17-19，34.

LIU C G，TU C Y，LIN Q S，et al. Study on the improvement of the differentiation rate of long-term subculture of Indica Rice Anther in vitro [J]. Chinese Agricultural Science Bulletin，2002，18（4）：17-19，34.

本文原载于《广东农业科学》，2019，46（9）：1-7，有删改

科 学 成 就
Achievements

"以农立国,振兴中华",这是黄耀祥一生的奋斗目标。他选择在"一株水稻"上做研究,孜孜追求,大胆创新,取得了一系列重大的科学成就,并为中国育种的发展奠定了坚实的基础。他继承和发展了丁颖院士的生态学观点,建立了水稻生态育种科学体系,丰富和发展了水稻育种学。他开创了水稻矮化育种的新途径,选育出的矮秆系列品种成为育种源头,为被誉为第二次绿色革命的杂交水稻育种奠定了基础。他知行合一,在长期的实践摸索中,建立了提高育种效率的技术与方法,为开展育种、生产提供了科学指引。

建立水稻生态育种科学体系

黄耀祥长期深入生产实际,针对生产上存在的问题,提出正确的育种思想、目标和相应的技术路线,并不断改进育种方法,以"株型"塑造为核心(黄耀祥特别强调水稻"株型"而不是"株形",是指外部形态特征与内部生理特点相结合),分阶段先后提出有独特见解的矮化育种、丛化育种、半矮秆"早长"超高产育种、半矮秆"早长、根深"超高产(特)优质育种、超级稻育种,以及杂交育种的组群筛选法一整套技术体系,从而建立了华南水稻生态育种科学体系,丰富和发展了水稻育种学。

强风暴雨之后,高秆品种倒伏减产

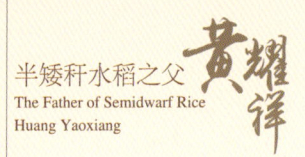

二、矮化育种

千百年来，中国南方水稻产区都是种植高秆品种，每遇强风暴雨，就会严重倒伏减产。中华人民共和国成立后，随着生产条件的改善和施肥水平的提高，增肥增产与倒伏的矛盾日益突出。选育耐肥、抗倒的水稻高产品种，成为生产上迫切要求解决的问题。

黄耀祥育种团队在矮化育种开始阶段将茎秆粗壮、穗大粒多的品种与当地推广品种进行杂交，育成了壮秆大穗品种，如"广场18""广场36"等，其产量和抗倒伏能力虽有所提高，但仍不能有效地解除倒伏减产的威胁。1955年，从广西玉林农业科学研究所引进了农家品种"矮仔占"，其秆高只有70～80厘米，但比较耐肥抗倒伏，缺点是成熟期太迟，抗病力差。一次，黄耀祥在汕头地区考察水稻生产的过程中，看到有些老农用控制肥水的办法来矮化稻秆，减少倒伏。这启发他从力学原理上悟出"树大招风"的道理，并由此产生"矮化育种"的想法。于是，黄耀祥于1956年开始以"矮仔占"为母本，与生产上推广的高秆品种"广场13"进行杂交，终于在1959年首次通过人工杂交育成了中国第一个半矮水稻品种"广场矮"。

尽管台湾台中区农业改良场的洪秋增通过人工杂交等方式早

"广场矮"及其亲本

在1956年就育成了矮秆水稻品种"台中在来1号（TN1）"，但是其育成的品种没有迅速在生产上大面积推广，并且缺少对人工杂交培育矮秆高产品种这条有效的育种途径的认识，因此其研究成果没能产生应有的影响。1959年黄耀祥等育成的"广场矮"则完全不同，其育成后迅速在生产上大面积推广应用。在随后的短短几年内，广东省农业科学院的育种者迅速培育出"珍珠矮""广陆矮4号""广解9号""双竹占"等一大批早、中、迟不同熟期类型的矮秆高产品种，并在生产上大面积推广应用，从而对农业发展史上的第一次绿色革命发挥了重要的引领和推动作用。"广场矮"的育成时间比菲律宾国际水稻研究所育成的、被称为"奇迹稻"的首个籼稻矮秆高产品种"IR8"早了7年。"广场矮"的育成标志着水稻矮化育种的成功，在世界水稻育种史上具有划时代的意义。其主要研发者黄耀祥也因此被IRRI专家尊称为"半矮秆水稻之父"。

道路一经开辟，矮化育种便得到迅猛发展。在20世纪60年代，黄耀祥和他的育种团队，又相继育成了早籼中熟矮秆品种"珍珠矮"（1961年）、早籼早熟矮秆品种"广解9"（1964年）、"广陆矮4号"（1966年），以及"广二

矮秆水稻品种

矮""广秋矮"等晚稻矮秆品种,逐步实现了矮秆品种的熟期配套。截至20世纪60年代中期,广东省基本实现了早稻品种矮秆化,大面积种植每亩产量由过去的200~250千克提高到350~400千克,一举改变了广东省传统的"早四晚六"的早稻低产局面。与此同时,矮秆水稻迅速向中国南方各省扩展,截至1965年全国矮秆品种种植面积达到2 400多万亩,每亩产量提高50千克以上。20世纪70年代中期,矮秆品种在全国年种植面积高达1 000万公顷,其中"广陆矮4号"在长江流域双季稻区种植面积之大,利用时间之长,为矮秆品种之冠。

二 丛化育种

为进一步提高品种的增产潜力,针对广东省高温多湿、昼夜温差小,以及阴天多、日照少等生态特点,黄耀祥带领育种团队从20世纪70年代开始,利用当时发现的"桂阳矮"系统(包括"桂阳矮1号"及其衍生系统"桂阳矮C17"),以"桂阳矮1号"的姐妹系"桂阳矮49"为母本,与株型好、光合效率较高的"朝阳早18"进行杂交,于1976年育成了早、晚兼用的著名高产品种"桂朝2号"。成功育成高光效株型与高光效功能相结合的"丛生快长"类

"双桂36"

"双桂1号"

"桂朝2号"单株和稻穗

"双桂1号"单株和稻穗

型品种，开始水稻丛化育种。该类型品种群体内通风透光好，耐阴、耐密和耐肥性较其他品种有所提高。其后，他又利用"桂阳矮C17"与"桂朝2号"杂交，并应用组群筛选法进行选育，于1979年育成了丛生快长，早、晚兼用的矮秆品种"双桂1号"及"双桂36"。这种丛生快长类型品种，除有矮源基因控制秆高外，还具有前期生长迅速、分蘖旺盛、丛生矮生、满苗而少荫蔽，拔节后长粗长高快，抽穗、成熟期间仍保持旺盛的光合势等特点。"桂阳矮"系统育成的品种，在丰产性和适应性上均较"矮仔占"

"桂朝2号"稻田

系统育成的品种有进一步提高，在穗数和穗重的结合上达到了较高水平，每亩产量一般为500千克左右。其中"桂朝2号"在云南省宾川县作为中稻种植时，最高产量达1 045.4千克/亩，创下全国水稻单产最高纪录。

"桂朝2号"不仅产量高，而且其稻米非常适合加工成米粉，有名的云南过桥米线主要是利用"桂朝2号"的大米加工的。1981—1986年，该品种在南方稻区累计推广1.4亿亩，增产稻谷50亿千克以上。"双桂1号""双桂36"1983—1987年在全国累计推广6 850万亩，增产稻谷24亿千克。

三
半矮秆"早长"超高产育种

20世纪80年代以后，黄耀祥带领团队继续向更高的目标攀登。在适当保持半矮秆和丛生快长类型综合优良性状的前提下，主攻在营养生长前期就长出较长、较厚、较大的叶鞘和叶片，相应提高叶面积指数，建成高光效群体，以利于营养物质的大量合成、积累和运转，为重穗型遗传机制的表达、孕育大穗提供物质保证，从而形成在营养生长前期就能迅速提高生物学产量的"早长"超高产株型育种。

根据"早长"超高产株型育种理论模式，利用穗大粒多的"叶青伦"与叶片窄直、茎秆特矮的抗病品种"特矮"杂交，1984年育成了早、中、晚兼用，适应性广的特高产品种"特青2号"，其高产性能较"桂朝2号"和"双桂1号"又前进了一大步。1986年和1987年该品种在广东省潮阳县作为双季晚稻种植，

"特青2号"

"七山占"

"胜优2号"

最高产量达825.2千克/亩,比当时生产上推广的三系杂交稻"汕优63"产量还高;1989年在云南宾川县作为中稻种植,创造了1 017.5千克/亩的高产产量纪录。在美国连续多年生产试验中,"特青2号"比美国生产上对照种"Lemont"每亩增产150千克以上,增产极显著。1987—1989年在南方稻区推广了1 100万亩,增产稻谷5亿千克,1990年被农业部列为全国重点扩繁的水稻新品种之一。

此外,这时期黄耀祥带领团队还主持育成了一批适宜不同造别、不同熟期、不同类型地区种植,在高产、优质、抗病等方面各具特色的新品种,如"双朝25""胜优2号""七山占""新桂早""双丛169-1""新竹17""软绿苗""新阳矮5号"等。其中"双朝25"早晚兼用,高抗稻瘟病,中抗白叶枯病,不论在地力较薄或是中上等肥力的田块种植,均表现出高产、稳产的特点,1990年亦被农业部列为在全国重点扩繁的水稻新品种。"胜优2号"是按该理论模式育成的水稻品种,该品种集"两高""双抗""一优""一低"(高产高效、抗稻瘟病和白叶枯病、优质、低成本)等优点于一体。经两年省区试比对照种,增产达极显著水平,增长率高达16.1%,生产上大面积种植一般可比常规当家品种增产15%以上,比杂交稻"汕优63"增产10%,其姐妹系"胜优1号"于1990年晚造在潮阳县经过三级验收,产量达857.5千克/亩,创下我国双季稻一造亩产最高纪录。"水稻半矮秆'早长'超高产株型模式和第三代超高产品种'胜优'的育成"于1997年获国家技术发明奖二等奖。

水稻半矮秆"早长"超高产株型育种是水稻矮化育种和丛化育种的继承和发展,是水稻株型育种又一新突破,它的提出和应用,属国际首创,它的科学

"双朝25"

性及其育种效果已被实践肯定，是超高产育种一条行之有效的途径。

四
半矮秆"早长、根深"超高产（特）优质育种

20世纪90年代初，在注重地上部半矮秆、早长的基础上，强调对地下部水稻根系进行研究，提出"理想根系"的概念，开展以"早长、根深"为主导的超高产（特）优质水稻育种研究。

"理想根系"要求根系分布深广、健壮、生命力旺盛，对地下营养和水分的吸收能力强，地上部和地下部"两源并举"，防止成熟期早衰，提高结实率，增强抗倒性。所谓"根深"，概括地说，就是"根群健旺，分布深广，活力强，不早衰"。伸入深土层内的根系，可从土壤下层吸取更多的养分。"理想根系"的这些特点是营养物质吸收合成运转正常、叶色青翠、谷草比值高的可靠保证，是促进和调动有机体功能、保持后劲、提高结实率及保证谷粒饱满度和充实度高的条件，是粗生粗长抗倒性强的前提，更是提高肥效的保障。

育种目标从提高产量开始，到兼顾稻米品质。育成的代表品种有"丝苗香

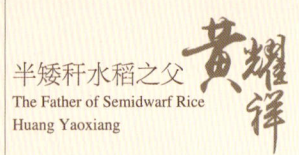

原农业部科教司程序司长（左）考察水稻根系研究

黄耀祥在田中观察水稻

12""七秀占""高科13"及"奇妙香"系列品系等"早长"大穗优质类型和"金科占"系列等"早长、根深"大穗优质类型。此外又根据特殊情况着意运用综合技术，培育出以广超命名的"广超1号""广超2号""广超3号"和"广超4号"4个产量比较突出品质也较好的新类型。

五 超级稻育种

1995年，黄耀祥院士与杨守仁教授一起向农业部建议设立中国超级稻研究计划，主动承担了农业部跨世纪"新曙光计划"重大科技攻关项目——中国超级稻研究。黄耀祥带领育种团队通过"早长、根深"的高产耐肥新株型的塑造，利用"早长"超高产种质与泰国引进的优质原材料进行杂交，1999年成功育成了第一代产量潜力超700千克/亩的优质、超高产、高效新品种"胜泰1号"，该品种的育成有效地把优质与高产在较高的水平上统一起来，解决了优质与高产的矛盾。通过广东和陕西两个省的品种审定，"胜泰1号"成为广东省第一个通过审定的长大粒型软性优质米品种，为陕西省常规优质主栽品种。"胜泰1号"在南方稻区大面积推广应用，成为当时南方稻区许多地区生产加工优质稻米的首选品种。

2002年，超级稻在国际水稻大会上得到广泛认同。超级稻为水稻产量进一步提升作出了贡献。

目前，黄耀祥院士研究团队的育种家，在继承他超高产生态育种理论体系的基础上，结合华南稻区的生态和新的特点，开展了华南籼型常规超级稻育种技术理论与育种的研究，提出了"大穗广适应型超级稻株型"和"多穗广适应型超级稻株型"两种华南广适应型优质超级稻株型新模式。使生态育种体

Achievements 科学成就

"胜泰1号"：2005年被农业部确认为首批超级稻品种

"桂农占"：2006年被农业部确认为超级稻品种

系进入华南广适性超级稻育种的新阶段，通过种质的创新利用和株型的塑造，已育成以多穗广适型超级稻"桂农占"和大穗广适型超级稻"玉香油占"为代表的一批优良品种，育成的常规超级稻品种占国内认定同类型超级稻总数的50%，研究团队在籼型常规超级稻研究方面达到了国际先进水平。

1996年，我国农业部提出了"中国超级稻育种计划"，黄耀祥和杨守仁是该计划的重要发起人。在此之前，黄耀祥和杨守仁曾先后向农业部提出中国应设立超级稻研究，1996年他们二人联名签署《关于"中国超级稻研究"项目组织实施的几点建议》。

1997年，袁隆平发表著名的《杂交水稻超高产育种》，提出"形态改良与杂种优势利用相结合"的水稻超高产育种技术路线。1998年，袁隆平向时任总理朱镕基提出选育超级杂交稻的研究课题，随后，"中国超级稻育种计划"被列入总理基金项目，国家划拨1 000万元予以支持。

"玉香油占"：2007年被农业部确认为超级稻品种

33

水稻生态育种之家成员合影（黄耀祥右7）

中国超级稻专家委员会会议（黄耀祥1排右）

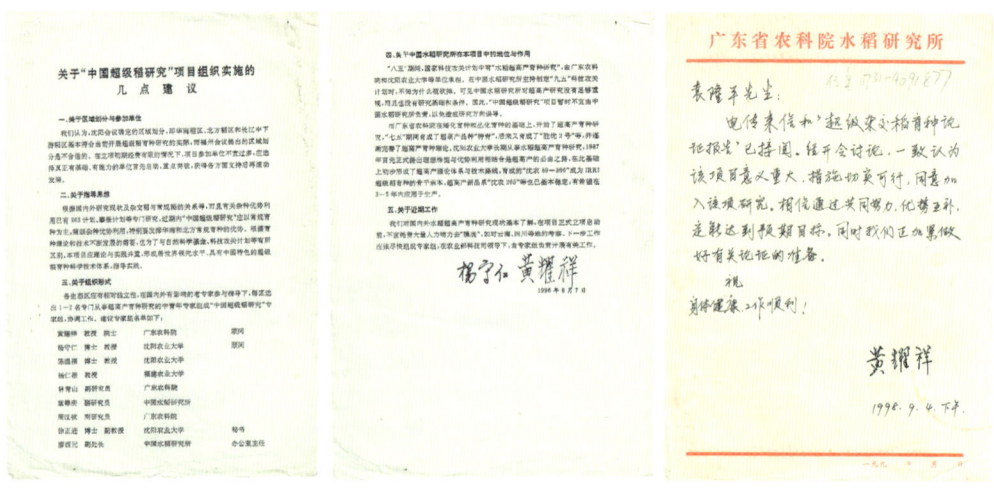

《关于"中国超级稻研究"项目组织实施的几点建议》文件

黄耀祥回袁隆平院士信（总理基金项目）

建立高效育种技术与方法

一
以高产、稳产为总目标，生态育种为指导

"以高产、稳产为总目标，生态育种为指导"是黄耀祥进行矮化育种的基本思想和技术路线。他认为水稻品种的高产、稳产性能取决于优良种质的遗传潜力及对外界生态环境条件的适应性，因此提出针对不同地区的生态环境条件，尤其是限制产量提高的不利因素，进行"生态育种"的观点，不断趋利避害，扬长避短，以发挥品种的最大生产潜力。

二
以杂交育种为主体，灵活应用其他育种技术，
不断构建与优化有利于水稻高产、稳产的株型结构

从创造富有生态针对性株型出发，以遗传基因分离重组基本规律为主要根据，特别重视性状上有益的超亲变异，更好地发挥杂交育种的创造性和生物技术的独特优势。株型是作物形态结构和生理生态功能的综合体现。因此，随着生产的发展和认识的深化，他新设想的株型在发展上经历了以矮秆节密为主体，辅以其他优良特性，为解决倒伏减产而创造的矮秆生态型——矮化育种，代表品种有"广阳矮""珍珠矮"等；创造耐密性强，利于通风透光，提高光合效率，并能抗病、抗逆的丛生快长株型以解决增加亩穗数后群体生长郁闭、光合效率低、病害多的矛盾的丛化育种，代表品种为"双桂"系统；为进一步提高穗重而创造在营养生长前期即能迅速提高生物学产量的"早长育种"（包括"矮生早长"和"丛生早长"株型），代表品种有"特青""新特青""双青"等三个阶段。他认为，穗大的遗传性是基础，高的生物学产量是条件，两者兼得才能孕育成巨大的穗子。

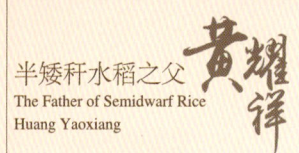

黄耀祥与团队成员交流工作

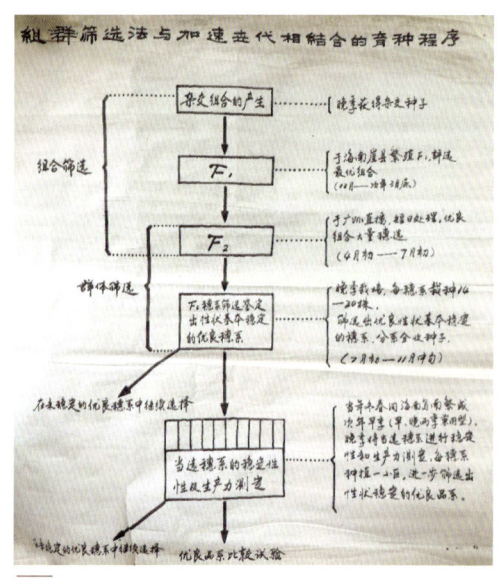

组群筛选法与加速世代相结合的育种程序

三

选择育种材料时，官能鉴定有不可取代的高度概括性作用

育种材料的选择，不但要讲究科学，还要充分发挥育种家经过长期艰苦实践得来的官能敏锐性和运用自如性。官能鉴定是科学与艺术的结合，不仅要看单株长相，更要看群体结构；不仅要看静态，更要看动态，分析其内部生理的相关性，从而判断是否有发展苗头。

Achievements 科学成就

黄耀祥讲解水稻杂交育种技术

四
培育选择上，组群筛选法与系谱法等结合运用

早在20世纪50年代，黄耀祥曾在杂种第二代中选出一个单株，第三代性状便稳定了。从遗传学上说，第三代出现性状基本稳定的家系是可能的，但是，如果第二代的群体太小，一般不容易出现性状基本稳定的个体。根据大数法则，他提出对重点组合要加大第二代群体，至少5 000~10 000株，从中大量选株，选2 000~7 000株不等，把综合性状较好的个体都选拔出来。第三代通过相应的田间设计，便有可能筛选出性状基本稳定的优良品系，从而缩短育种周期，这就是组群筛选法（重点组合、大群体、多选株、早稳定）。这种做法综合了系谱法、混合法、集团法和单粒传的优点。"双桂1号""丛芦51"等新品种的育成就是例证。

37

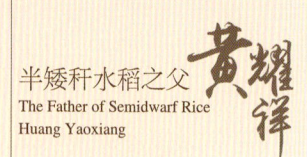

五
采取育种与同步鉴定相结合，区域试验与群众性多点试种相结合，大面积生产示范与推广相结合的方法

以空间争取时间，使品种尽快在生产上发挥作用，并取得最大经济效益。长期以来，黄耀祥在广东省的不同类型地区，建立了十多个农村试验基点，使得每年提供鉴定的新育成品种（系）不少于20个。通过多点试验和生产示范，不仅迅速明确了新品种的生产性能，而且一经鉴定成功，提供生产推广的种源问题也就随之解决了。

育成的推广应用成效品种

黄耀祥带领育种团队先后共培育出60多个水稻新品种，其中推广面积超过1 000万亩的品种有15个。

水稻矮化育种应用成效十分显著。据统计，水稻矮化育种取得成功之前的1957年，我国水稻平均产量为179.5千克/亩，矮化育种成功并大面积推广之后的1979年，全国水稻平均产量为283.0千克/亩，说明水稻矮秆品种带来的平均增产幅度为103.5千克/亩。按1990年全国籼稻面积4.4亿亩计算，从20世纪70年代中期品种全面矮秆化开始，迄今已40多年，累计推广应用面积176亿亩，增产稻谷1.81万亿千克。

水稻矮化育种，为解决人民群众的温饱问题，发挥了巨大作用。

发表的论文与论著

论　文

黄耀祥一生笔耕不辍，在科学研究的同时，著有很多学术论文，其中不少

为权威性的论述，如《创造矮秆类型的水稻新品种选育工作》《水稻矮化育种之研究》《广东水稻矮化育种工作的初步总结》《水稻杂交育种"组群筛选法"之研究》《水稻丛化育种》等。

1957年，黄耀祥在"华南地区水稻学术讨论会"发表《七年来水稻新品种工作之回顾》。

1959年，黄耀祥在"全国水稻育种会议"发表《创造矮秆类型的水稻新品种选育工作》。

在上述论文中，他全面总结过去的选育种经验，提出以矮秆为主体的综合性育种目标：矮秆节密，耐肥抗倒；分蘖力强，成穗率高；有效穗多；叶面积配置好且指数大，光能利用率高；根系发达，活力强，不早衰；生物产量高，谷秆比值大等。

1960年，黄耀祥等在《农业学报》第2期发表《广东省十年来的水稻新品种选育工作》。

1964年，黄耀祥在《人民日报》12月发表《广东省水稻矮化育种主要经验》。

1965年，黄耀祥在《广东农业科学》第1期发表《晚造矮秆品种群众性科学实验的一年》。

1965年，黄耀祥以广东省农业科学院的名义在《中国农业科学》1965年第1期发表《广东水稻矮化育种的主要经验》。

1966年，黄耀祥在《广东农业科学》第1期发表《广东水稻矮化育种工作的基本总结》。

1966年，黄耀祥在《作物学报》第1期发表《广东水稻矮化育种工作的初步总结》。

1977年，黄耀祥在《广东农业科学》第5期发表《坚决响应华主席的号召努力向水稻育种的科学技术进军》。

1978年，黄耀祥在《广东农业科学》第4期发表《水稻新品种"桂朝"的种性及高产栽培要点》。

1978年，黄耀祥在《广东粮油作物学会论文集》发表《水稻早晚生态类型间杂交及所育成新品种"桂朝"》。

1980年，黄耀祥在《广东农业科学》第1期发表《水稻杂交育种"组群筛选法"之研究》。

1983年，黄耀祥、陈顺佳、陈金灿、林建良、张俊英、刘丽娴、罗林、连兆铨在《广东农业科学》第1期发表《水稻丛化育种》。

1983年，黄耀祥、陈金灿、陈顺佳在《广东农业科学》第3期发表《组群筛选法的育种效应——"双桂1号"的育成》。

1985年，黄耀祥、董群铠、张俊英、刘丽娴在《农业科学导报》创刊号发表《加速优质高产水稻良种选育步伐 促进粮食生产商品化》。

1985年，黄耀祥、董群铠、张俊英、刘丽娴、陈顺佳等在《广东农业科学》第6期发表《水稻不同株型亲本品种产量的配合力分析》。

1986年，黄耀祥、张旭、林道宣、张俊英、何子儒、黄林可、万霞、何海帆、曾国强在《广东农业科学》第4期发表《水稻不同类型品种产量构成因素及其群体内透光率差异的研究》。

1988年，黄耀祥在《南方日报》6月2日版发表《怎样做好水稻高产良种"特青"》。

1989年，黄耀祥在《水稻理想株型座谈会论文集》发表《水稻矮秆类型和丛生快长类型品种的株型模式及其生理生态特点》。

1989年，黄耀祥在《广东省种子协会年会论文集》发表《水稻特高产、超高产株型理想模式的科学验证——"特青2号""双青21""新潮11"等"早长"大穗类型生理生态特点初探》。

1990年，黄耀祥在《作物杂志》第4期发表《水稻超高产育种研究》。

1990年，黄耀祥在《广东农业科学》第4期发表《作物育种的战略性决策——水稻生态育种》。

1990年，黄耀祥在《广东农业科学》第6期发表《粮食上新台阶与水稻超高产育种》；同年在《贵州农业科学》第6期发表《粮食产量上新台阶与水稻超高产育种》。

1991年，黄耀祥在《广东农业科学》第3期发表《对开创晚稻生产新局面有战略意义的新品种——"七山占"》。

1992年，黄耀祥在《广东农业科学》第4期发表《选育优质超高产水稻新品种优化作物结构和食物结构》。

1993年，黄耀祥、林青山、郭丹丹在《广东农业科学》第6期发表《水稻新品种胜优2号及其主要栽培技术》。

1994年，黄耀祥、林青山在《广东农业科学》第4期发表《水稻超高产、特优质株型模式的构想和育种实践》。

1995年，黄耀祥、董群铠在《中国稻米》第1期发表《广东优质、高产、多抗、早晚两季兼用水稻良种七山占》。

1996年，黄耀祥在《广东农业科学》第1期发表《为出色完成21世纪粮食增产的艰巨任务而奋斗》；同年在《世界科技研究与发展》第3期再刊。

1997年，黄耀祥、林青山在《广东农业科学》第4期发表《"广东省第二田"的构建》。

1997年，黄耀祥、周汉钦、林青山、陈文丰、江奕君、程俊彪在《广东农业科学》第6期发表《超高产特优质水稻根系特点初探》。

1998年，黄耀祥、黄慧君、林青山、黄道强、程俊彪、高云、陈文丰在《广东农业科学》第1期发表《影响籼稻花药培养效果的综合因素研究》。

1999年，黄耀祥在《广东农业科学》第5期发表《水稻生态育种科学体系的构建和新进展》；同时该文章收录在中国农学会等编的《21世纪水稻遗传育种展望：水稻遗传育种国际学术讨论会文集》。

2000年，黄耀祥在《中国科学技术学术文库·院士卷4》（北京科学技术文献出版社，1997）发表《作物育种的战略性决策——水稻生态育种》。

2001年，黄耀祥在《广东农业科学》第3期发表《半矮秆、早长根深、超高产、特优质中国超级稻生态育种工程》。

2003年，黄耀祥在《广东农业科学》第3期发表《水稻生态育种新发展——两源并举组群筛选超优势稻的选育研究》。

2003年，黄耀祥在《世界科技研究与发展》第2期发表《水稻生态育种科学体系的构建和新进展——两源并举"超优势稻"的选育》。

2004年，黄耀祥、梁青、陈伟雄、王秋燕在《广东农业科学》第5期发表《超优势稻亲本及其F1代根系特点研究初报》。

二 论　著

中国农业科学院主编的《中国稻作学》（主笔"矮化育种"，第281—299页），由农业出版社（现中国农业出版社）于1986年出版。

水稻生态育种各阶段育成的新品系及其系谱

录自《水稻生态育种各阶段育成的新品系及其系谱分析研究》
一九八七年四月十三日

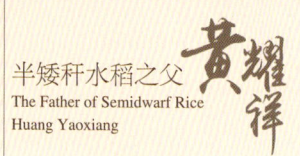

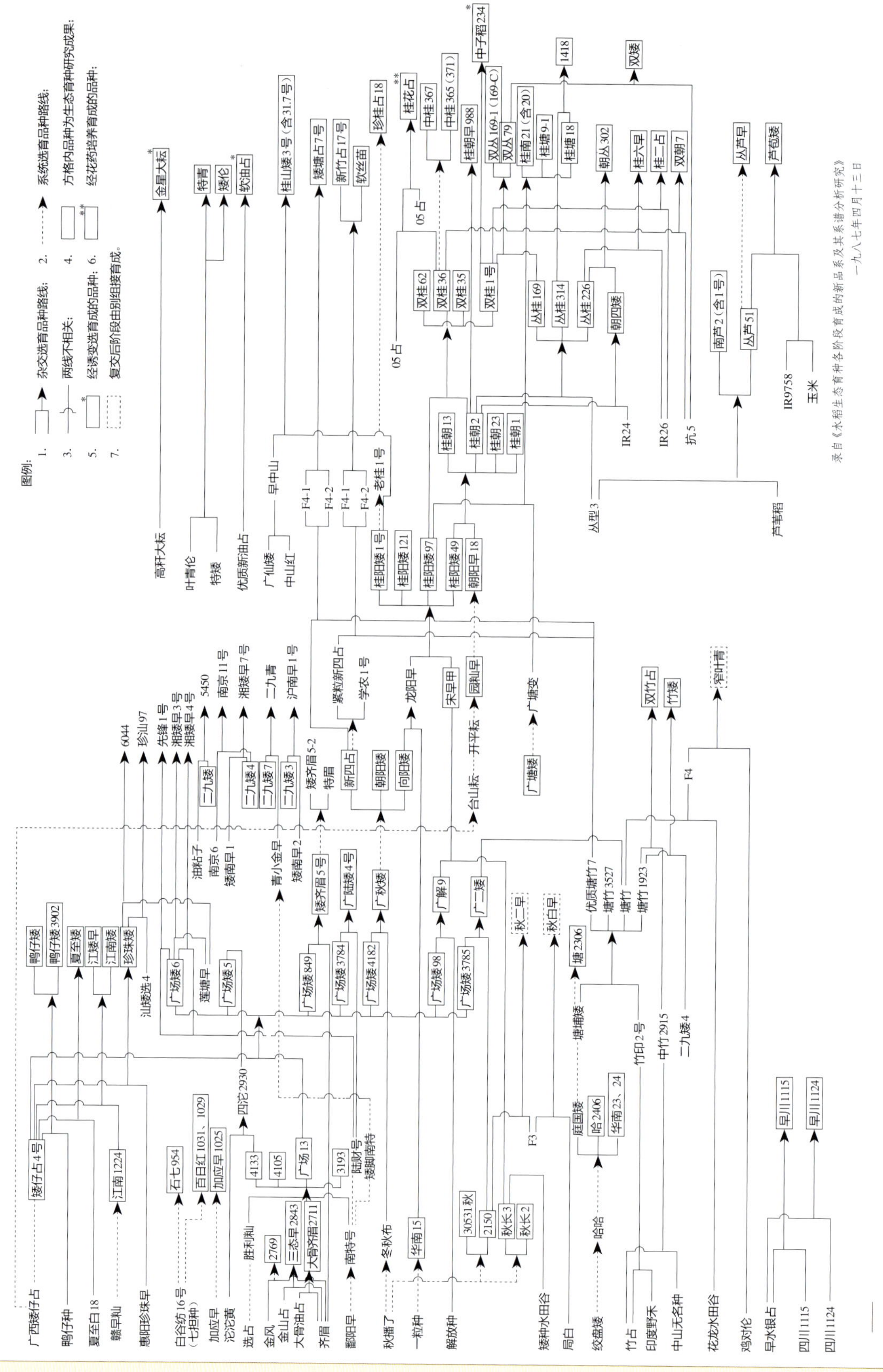

所获奖励与荣誉
Awards and Honours

科技成果奖励

黄耀祥共获得国家、省（部）级等各类科技成果奖14项。

黄耀祥主要获奖科技成果一览表
Table of scientific and technological achievements awards by Huang Yaoxiang

序号 No	获奖年份 Year	成果名称 Academic achievements name	奖项 Award	主要完成人 Name of major contributors				
1	1978年	水稻矮化育种	全国科学大会奖	黄耀祥 徐炎康 陈德智	黄继芳 陈顺佳 李茜	柯苇 刘敬良 黄述馨	陈耀华 缪若维 陈朴华	黄桂章 林建良 吴进义 等
2	1997年	水稻半矮秆"早长"超高产株型模式和第三代超高产品种"胜优"的育成	国家技术发明奖二等奖	黄耀祥 董群铠 黄道强	林青山 刘丽娴 陈文丰	郭丹丹 黄慧君 程俊彪	周汉钦 邓汉娇	张俊英 江奕君
3	1985年	早中晚兼用丛生快长类型籼稻新品种"双桂1号"的育成及其种性研究	国家科技进步奖二等奖	黄耀祥 林健良	陈金灿 张俊英	李迅华	陈顺佳	刘丽娴
4	1995年	优质、高产、多抗早晚兼用水稻新品种"七山占"	国家科技进步奖三等奖	黄耀祥 邱东强	董群铠 陈文丰	郭丹丹 林青山	江奕君	邓汉娇
5	1979年	早造良种"桂朝2号""桂朝一号"	广东省科学大会奖	黄耀祥	陈顺佳	陈金灿	明锦洪 等	
6	1991年	特高产水稻新品种"特青2号"的育成及其种性研究	农业部科学技术进步奖二等奖	黄耀祥 连兆铨 陈金灿	张俊英 林健良 罗林	陈须佳 邱东强 吴玉坤	刘丽娴 周汉钦 邓汉娇	董群铠 廖耀平 郭丹丹
7	1998年	超高产、特优质水稻新品种"七秀占3号"	广东省科学技术进步奖三等奖	黄耀祥 黄慧君 张俊英	林青山 黄道强 刘丽娴	程俊彪 陈文丰 董群铠	江奕君 高云	周汉钦 邓汉娇
8	2004年	"早长、根深"水稻新类型"胜泰1号"的选育研究	广东省科学技术奖三等奖	黄耀祥 李小宁	江奕君 林青山	程俊彪 黄慧君	高云 黄道强	周汉钦 陈文丰
9	1990年	晚稻品种"桂山矮"的选育、示范、推广	广东省农业科学院技术改进三等奖	黄耀祥	刘丽娴	张俊英	陈须佳	董群铠
10	1990年	早稻中熟新品种——"双丛169-1"	广东省农业科学院技术进步四等奖	黄耀祥	董群铠	张俊英	刘丽娴	陈须佳
11	1992年	早、晚兼用抗病高产水稻新品种——双朝25	广东省农业科学院科学技术二等奖	黄耀祥 林青山	刘丽娴 黄道强	张俊英	周汉钦	黄慧君
12	1982年	晚造中早熟良种"桂阳矮121"的育成	广东省农业厅技术改进二等奖	陈须佳	陈金灿	黄耀祥		
13	2006年	高产优质抗病特种稻"南丰糯"的选育与应用	广东省科学技术奖三等奖	黄慧君 陈彩云 江奕君	周汉钦 高云 黄耀祥	黄道强 程俊彪	陈文丰 刘传光	冯道基 林青山
14	2009年	华南超级常规籼稻育种体系构建及超级稻桂农占"玉香油占"的育成与应用	广东省农业科学院科学技术一等奖	江奕君 胡学应 钟国才	林青山 冯道基 黄庆	武小金 刘传光 陈深	高云 刘军 郑海波	符海秋 邹永春 黄耀祥

全国科学大会奖

国家科技进步奖二等奖

国家科技进步奖三等奖

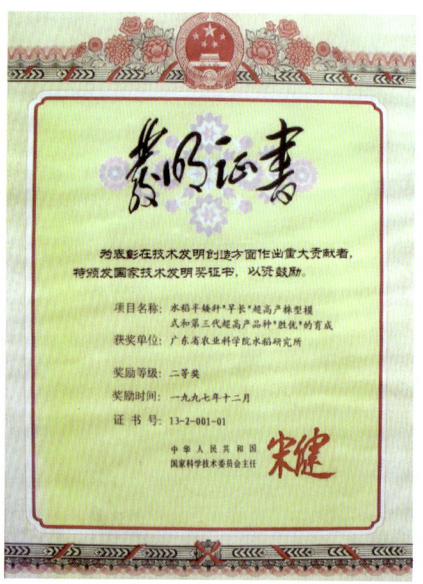

国家技术发明奖二等奖

获 得 荣 誉

1964年1月，获广东省人民政府先进工作者。

1977年8月，获广东省革命委员会技术革新积极分子。

1978年1月，获广东省农业科学院先进工作者。

1978年2月，获中国国民党革命委员会广东省委员会先进工作者。

1978年，获全国科学大会全国科技先进工作者。

1979年，获广东省科学大会科学技术先进工作者。

1979年，被国务院授予"全国劳动模范"称号。

1984年，被广东省人民政府记大功。

1986年，获广东省人民政府奖励。

1988年和1994年，获"广东省有突出贡献的专家"称号。

1989年，被国务院授予"全国先进工作者"称号。

1995年，入选中国工程院院士。

1995年，获何梁何利基金科学与技术进步奖。

1996年，被评为广东省直属机关优秀共产党员。

1997年，获中国科学技术协会全国优秀科技工作者。

2009年，被农业部授予"新中国成立60周年'三农'模范人物"称号。

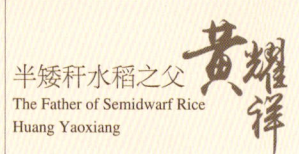

半矮秆水稻之父 黄耀祥
The Father of Semidwarf Rice
Huang Yaoxiang

1979年和1989年，分别被授予"全国劳动模范"和"全国先进工作者"称号

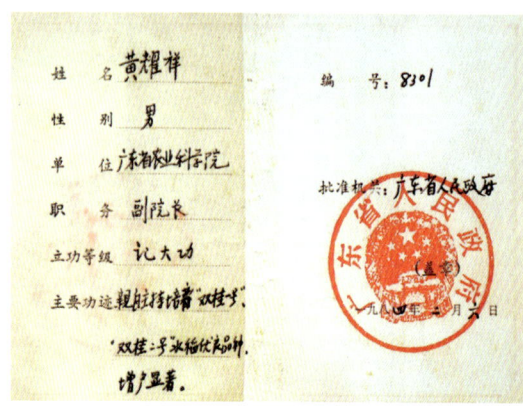

1984年，被广东省人民政府记大功

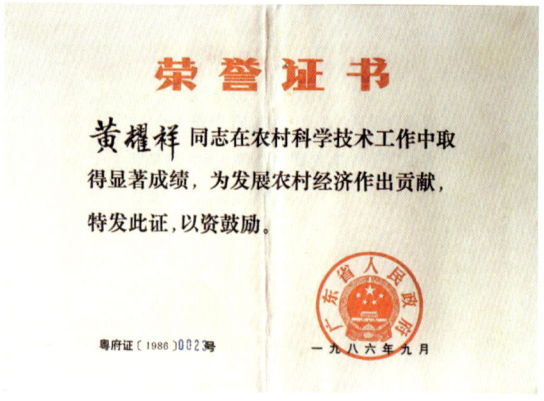

1986年，获广东省人民政府奖励

Awards and Honours 所获奖励与荣誉

1995年，入选中国工程院院士

1988年，获"广东省有突出贡献的专家"称号

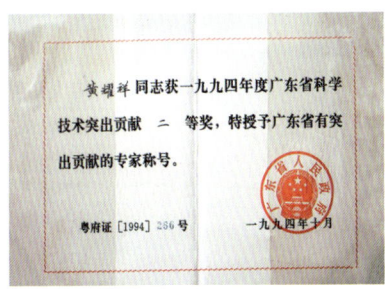

1994年，获"广东省有突出贡献的专家"称号

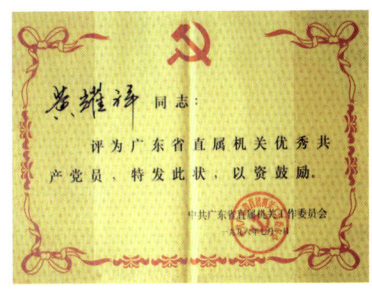

1996年，被评为广东省直属机关优秀共产党员

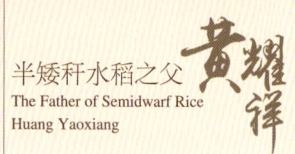

1995年，获何梁何利基金科学与技术进步奖

1997年，获中国科学技术协会全国优秀科技工作者

2009年，被农业部授予"新中国成立60周年'三农'模范人物"称号

社 会 评 价
Public Responses

水稻矮化育种是水稻育种的一次革命,把水稻的收获指数由不到30%,提高到了50%以上,稻谷产量大幅度提高了,黄耀祥先生是我国水稻矮化育种的先驱者。

——中国工程院院士袁隆平

矮化育种是水稻育种史上的第一次绿色革命,使水稻的产量大幅度增长,黄耀祥院士是(半)矮秆水稻之父,为国家粮食安全作出了重大贡献。

——中国工程院院士颜龙安

黄耀祥先生用科学育种的方法利用矮秆资源培育成半矮秆水稻品种"广场矮",早于国际上(其他国家)实现了第一次水稻绿色革命,这是一个很大的贡献。

——中国工程院院士万建民

真正的矮化育种并不是始于1966年与67年(1967年),而是始于更早一些的广东省农科院(今广东省农业科学院),当时黄耀祥院士培育出了矮秆水稻品种叫"广场矮",要比国际水稻研究所培育出的奇迹稻"IR8"早七八年。因此,如果说矮化育种是引发绿色革命最重要因素的话,那么,黄耀祥院士是功不可没的。

——中国工程院院士陈温福

> 黄耀祥先生是水稻矮化育种的先驱！为人类的粮食安全作出了杰出的贡献！
>
> ——中国科学院院士谢华安2019年手迹

> 阁下是当今水稻界南天一柱，谨以为赠，以助声势！
>
> ——沈阳农业大学杨守仁教授1998年手迹

世界上最有经验的育种家。

——国际水稻研究所原育种系主任、首席育种家Khush博士

全国籼稻区相继实现水稻矮秆良种化。1976年我国早稻总产量比1965年增长1.6倍，水稻矮化育种这项研究成果在其中起了重要作用。

——中国农业科学院前院长金善宝

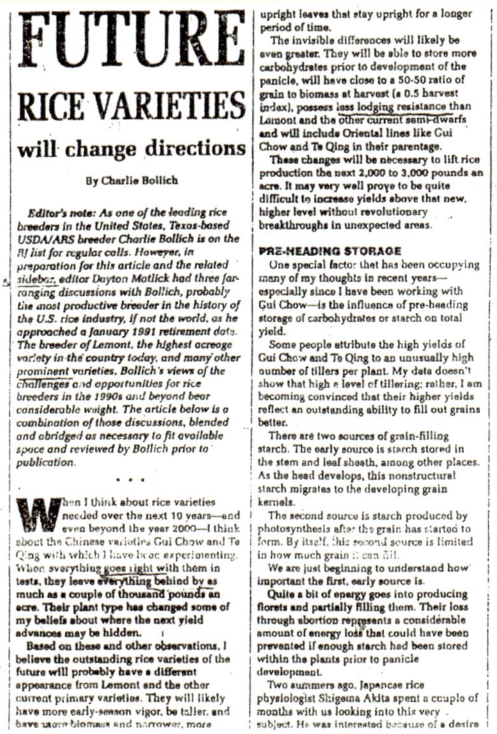

FUTURE RICE VARIETIES will change directions

By Charlie Bollich

Editor's note: As one of the leading rice breeders in the United States, Texas-based USDA/ARS breeder Charlie Bollich is on the RJ list for regular calls. However, in preparation for this article and the related sidebar, editor Dayton Matlick had three far-ranging discussions with Bollich, probably the most productive breeder in the history of the U.S. rice industry, if not the world, as he approached a January 1991 retirement date. The breeder of Lemont, the highest acreage variety in the country today, and many other prominent varieties, Bollich's views of the challenges and opportunities for rice breeders in the 1990s and beyond bear considerable weight. The article below is a combination of those discussions, blended and abridged as necessary to fit available space and reviewed by Bollich prior to publication.

* * *

When I think about rice varieties needed over the next 10 years—and even beyond the year 2000—I think about the Chinese varieties Gui Chow and Te Qing with which I have been experimenting. When everything goes right with them in tests, they leave everything behind by as much as a couple of thousand pounds an acre. Their plant type has changed some of my beliefs about where the next yield advances may be hidden.

Based on these and other observations, I believe the outstanding rice varieties of the future will probably have a different appearance from Lemont and the other current primary varieties. They will likely have more early-season vigor, be taller, and have more biomass and narrower, more upright leaves that stay upright for a longer period of time.

The invisible differences will likely be even greater. They will be able to store more carbohydrates prior to development of the panicle, will have close to a 50-50 ratio of grain to biomass at harvest (a 0.5 harvest index), possess less lodging resistance than Lemont and the other current semi-dwarfs and will include Oriental lines like Gui Chow and Te Qing in their parentage.

These changes will be necessary to lift rice production the next 2,000 to 3,000 pounds an acre. It may very well prove to be quite difficult to increase yields above that new, higher level without revolutionary breakthroughs in unexpected areas.

PRE-HEADING STORAGE

One special factor that has been occupying many of my thoughts in recent years—especially since I have been working with Gui Chow—is the influence of pre-heading storage of carbohydrates or starch on total yield.

Some people attribute the high yields of Gui Chow and Te Qing to an unusually high number of tillers per plant. My data doesn't show that high a level of tillering; rather, I am becoming convinced that their higher yields reflect an outstanding ability to fill out grains better.

There are two sources of grain-filling starch. The early source is starch stored in the stem and leaf sheath, among other places. As the head develops, this nonstructural starch migrates to the developing grain kernels.

The second source is starch produced by photosynthesis after the grain has started to form. By itself, this second source is limited in how much grain it can fill.

We are just beginning to understand how important the first, early source is.

Quite a bit of energy goes into producing florets and partially filling them. Their loss through abortion represents a considerable amount of energy loss that could have been prevented if enough starch had been stored within the plants prior to panicle development.

Two summers ago, Japanese rice physiologist Shigema Akita spent a couple of months with us looking into this very subject. He was interested because of a desire

谈到今后10年甚至20年以后需要的水稻（亲本）品种时，我会考虑我已在进行试验的中国品种“桂朝”和“特青”。

——美国著名育种家Charlie Bollich博士

> （黄耀祥为）半矮秆水稻之父。
>
> ——国际水稻研究所所长斯瓦米纳森博士

> "广场矮"的育成，是世界水稻育种史上的一次重大突破，引领了农业发展史上的第一次绿色革命。
>
> ——广东省农业科学院院长陆华忠

> 水稻矮化育种先驱黄耀祥院士，终生奋进在水稻育种攻关的道路上，并不断取得丰硕成果，这种执着的创新精神，值得我们大力传承与发扬！
>
> ——广东省农业科学院水稻研究所所长王丰

> 黄老开创人工杂交矮化育种、丛化育种、"早长、根深"等株型育种，建立华南水稻生态育种科学体系，丰富和发展了水稻育种学，为行业创制并提供原始骨干育种材料，使育种家得以选育出源源不断的水稻良种。
>
> ——广东省农业技术推广总站副站长林青山

> 即使在最困难的时候，黄老仍始终坚持优质常规稻育种，这是广东优质稻育种能够走在全国前列的重要原因，也为当前杂交稻优质化奠定了基础。
>
> ——广东省农业科学院水稻研究所研究员江奕君

学术地位与社会影响
Academic and Social Impacts

引领了第一次绿色革命

1959年第一个半矮秆水稻品种"广场矮"的育成，不仅有效地解决了长期以来农民渴望解决的水稻倒伏减产问题，提高了水稻的抗倒伏能力与收获指数，而且在水稻育种史上，打破了自开展杂交育种以来，局限于仅利用高秆品种改良高秆水稻品种性状的老传统，开创了一条矮化育种的新途径，在世界水稻育种史上是一次重大突破。它比后来在国际上曾经轰动一时的、由设置在菲律宾的国际水稻研究所于1966年才育成的、被称为"奇迹稻"的"IR8"早出世7年，矮秆水稻品种在生产上应用比其他稻作国家早了10年。引领了第一次绿色革命，使中国水稻育种处于世界领先地位。

丰富和发展了水稻育种学

黄耀祥长期深入生产实际，针对生产上存在的问题，提出正确的育种思想、目标和相应的技术路线，并不断改进育种方法，以"株型"塑造为核心（黄耀祥特别强调水稻"株型"而不是"株形"，是指外部形态特征与内部生理特点相结合），分阶段先后提出有独特见解的矮化育种、丛化育种、半矮秆"早长"超高产育种、半矮秆"早长、根深"超高产（特）优质育种、超级稻育种，以及杂交育种的组群筛选法一整套技术体系，从而建立了华南水稻生态育种科学体系，丰富和发展了水稻育种学。

打破"中国人养活不了自己"的断言

在以黄耀祥为代表的老一代育种家的努力下，截至1965年全国矮秆品种种植面积达2 400多万亩，20世纪70年代中期，矮秆品种在全国年种植面积最大达1.5亿亩，大面积种植每亩产量由过去的200～250千克提高到350～400千克。到1994年的30年间，黄耀祥主持培育出60多个品种。即使保守地估计，累计栽种面积以每年籼稻种植面积4.2亿亩的1/3即1.4亿亩计，则为42亿亩，高秆改矮秆以增产稻谷50千克/亩计，就为社会增产稻谷2 100亿千克/亩，增值2 100亿元，为解决中国人的温饱问题发挥巨大作用。

为第二次绿色革命
——杂交稻育种成功奠定了坚实基础

杂交稻育种是在水稻矮化育种成功的基础上的进一步发展。杂交稻早期最重要的亲本"珍汕97A""V41A""Ⅱ-32A"等，都是由黄耀祥及其团队育成的半矮秆水稻品种"广场矮""珍珠矮"及它们的衍生品系杂交选育而成的。根据1991年出版的《中国水稻品种及其系谱》，其衍生品系育成的杂交稻有"汕优"系列、"威优"系列、"闽优"系列、"南优"系列等几百个杂交稻组合。

黄耀祥精神
The Spirit of Huang Yaoxiang

在黄耀祥院士身上集中展现了中国知识分子具有的爱国主义精神和自强不息、艰苦奋斗的优良传统，我们不但归纳了黄耀祥的工作精神，还通过一系列日常小故事折射其品质，激励后人尊重知识、崇尚科学、献身科学，继承和发扬老一代科学家艰苦奋斗、科学报国的优秀精神品质，为建设科技强国汇聚磅礴力量。

与时俱进、敏锐创新的精神

20世纪50年代，针对水稻生产上高秆品种易倒伏减产的难题，开创水稻矮化育种的新途径，后根据不同阶段水稻生产发展遇到的问题，创新性提出并实施丛化育种、半矮秆"早长"超高产育种、半矮秆"早长、根深"超高产（特）优质育种和超级稻育种，从而建立水稻生态育种科学体系，丰富和发展了水稻

黄耀祥（1排左5）参加水稻生物技术育种中期检查会

育种学。在育种技术方法上,以常规杂交育种为主,同时又及时应用先进的新技术、如辐射诱变育种、化学诱变育种、组织培养技术等。他的成功,就是源于他敏锐的观察力和与时俱进、敢于创新的内在特质。

深入生产、求真务实的精神

黄耀祥培育出60多个水稻良种,这些品种高产性能突出,适应性广,往往不推自广,种植面积大,利用时间长,对农业增产发挥了巨大作用。之所以如此,与黄耀祥院士长期深入生产实际,重视总结群众经验,注意把经验升华为理论,提出正确的育种思想、目标和相应的技术路线,并不断改进育种方法的一整套技术体系是分不开的。黄耀祥深信"实践出真知"。1995年12月7日,

黄耀祥参加考种

这位育种家亲笔写下了他一生作为座右铭的十六个字:"兴国为怀,'两论'引路,构想实践,不断创新"。

持之以恒、不畏艰辛的精神

黄耀祥之所以能取得如此成就,与他一心一意搞研究、持之以恒、不畏艰辛的精神是分不开的。黄耀祥致力水稻育种研究50多年,为我国水稻育种事业贡献了一生。在他的家人和同事看来,他的心中只有水稻。无论是否上班,一遇到水稻方面的问题,他就会叫助手一起来研究。出差回来无论多晚,他都会在第一时间到试验田观察,并在掌握水稻生长状况后才离开。"春蚕到死丝方尽,蜡炬成灰泪始干",直到临终前几天他都还牵挂着他的水稻基地。黄耀祥的持之以恒、不畏艰辛的精神始终鞭策着后辈勇攀水稻育种高峰。

执着追求、严谨治学的精神

黄耀祥是行走在科研一线、田间地头的育种人。对待自己、对待团队成员都始终坚持高标准、严要求,力求将每一个环节和细节都做到最好。他们团队发表的文章,他都要逐字逐句反复修改,直至没有任何问题才让发表。育种上黄耀祥亲力亲为,80多岁时仍深入生产一线的田间地头考察水稻生长情况,有时田埂不方便行走,他就让年轻的同事背着他走。每次下田都会带上一根竹竿,用竹竿挑动水稻植株,观察水稻的抗病虫性、抗倒性、穗重等一些重要农艺性状,他经常戏称自己这是"竹竿子里面出品种"。

黄耀祥故事
Stories of Huang Yaoxiang

解放思想：发挥良种风华正茂的优势

育种是黄耀祥院士一辈子都没停下来的事，直到生命最后一刻。在他看来，育种既是技术，也是艺术，赋予了他更多的创造力，品种在他那里有了更多可能性。

品种如人，发挥良种风华正茂的优势，正是他创造出来的理论。他提出，一个优良品种，归根结底是交给农民种植，这就需要农户对它有深刻的认识，育种家要缩短新品种到农户手中的时间，就要将选育种与同步鉴定相结合；将区域试验与群众多点试验相结合，以空间换时间；将中间试验与生产示范相结合，善用良种风华正茂的优势，争取最大的经济效益。

提拔青年：成立"袖珍田"青年小组

人如品种，黄耀祥不拘一格，大胆起用年轻人。为了带好年轻人，他还在试验田中专门开辟了几亩青年"袖珍田"，对年轻的科研人员进行直接指导。同时，注重对青年人才的培养，成立"袖珍田"青年小组，从两个大组里挑选优秀年轻人，亲自指导，并到生产一线进行品种的示范示种，及时矫正育种思路和方向。林青山是青年小组的成员之一，他坦言："工作任务繁重，但正是高强度的工作让他们取得了显著的成效。比如，第一代高产优质品种'胜优2号'的选育。"

以农兴国：矮化育种引领绿色革命

江门，中国侨都，是一座因海而生的城市。在江门五邑籍乡彦中，祖籍江门或出生于江门的院士共有32位。他们在各自所在领域都是时代的奠基者，也是当时的风云人物。黄耀祥便是其中的一位。

爱国爱乡精神，世代流淌在江门五邑华侨的血液里。黄耀祥从父亲那里了解到华侨在海外谋生艰难的情况，便立志"读书救国"。面对中国农民终年辛勤劳作却不得温饱的现状，黄耀祥内心不禁发问："中国是一个农业大国，农业不兴，何来中华民族的振兴？"从此，他一辈子都在为"以农立国，振兴中华"的誓言而努力。

1959年，他育成了世界上第一个半矮秆水稻品种"广场矮"，开始了矮化育种，在水稻领域不断引领世界的潮流。20世纪60—80年代，他又按照自己设计的技术路线，以生态育种为向导，从株型育种迸发，沿着矮化，丛生，早发、快长，穗大粒多，光合势强等目标，逐步把矮化育种推向前进，相继育成了一系列著名的高产良种，丰富和发展了中国水稻矮化育种的科学与技术。

20世纪90年代至21世纪初，出现了世界粮食危机论，在古稀之年，他还信心百倍地向农业部和广东省领导提出了"为出色完成21世纪30年代粮食增产的艰巨任务而奋斗"的请战书，主动承担了农业部跨世纪"新曙光计划"重大科技攻关项目——中国超级稻研究计划。

服务人民：农民眼中的"祥叔"

正是亲身经历、亲眼看见了家乡农民生活的艰辛，黄耀祥在很小的时候就种下了"让人民吃饱饭"的理想的种子。他一生都行走在田间巷陌，一心装着农民。他与农民关系也非常好，大家都亲切地叫他"祥叔"。

黄耀祥的学生江奕君回忆，在工作期间，经常有农民寄信来要种子，黄老就会让他们一一登记下来，并把种子寄去。黄耀祥常说，我们要多下田多比较，不能凭空想象，农民可以指出种子好与不好，我们要按照农民的需求进行改良。

黄耀祥80多岁时仍不辞辛劳，每年有一半以上时间下乡，他还奔波于全国各地推广良种栽培种植经验，其足迹遍及川西平原、大别山区、云贵高原和北部湾畔，深受各地政府和农民欢迎。广西壮族自治区合浦县委、县人民政府曾赠送给他一面锦旗。锦旗的上联是"良种、良法、良师益友"，下联是"丰产、丰收、丰衣足食"。

永不放弃：特殊时期的阳台育种

育种，是黄耀祥最大的爱好和坚持，他任何时候都没有放弃。"文化大革命"期间，育种工作被迫停止。但他不甘心就此停步。1967年春天，他回到家

里坐卧不安，许多宝贵的育种材料再不种下去，多年的心血将毁于一旦。怎么办？他日思夜想，无论如何也要将自己偷偷保留的几十粒"广秋矮"变异株种子设法种上。

他住在广州市内一座老旧的二层楼房，楼上有个小小的阳台。一天中午，他跑到陶瓷店买了六七个大瓦盆，沿着又陡又窄的木板楼梯，一个个往阳台上搬。他搬了几个，就因为头晕连人带盆撞到楼梯上。老伴从午睡中惊醒后，赶来一看明白了："你要在天台（阳台）上育种啊，你疯了，叫人看见还得了！"黄耀祥气喘吁吁地说："莫嚷啊，没饭吃要亡国的呀，搞了一半的试验能停下来吗？""育种无罪，党和群众会支持我的。"从此，小小的阳台，变成了育种场。

没有土，黄耀祥每天下班后就用书包装满土背回家。没有肥料，就用灶膛里的土木灰或者少量的黄豆捣碎泡在尿盆里发酵成腐熟肥。为防止鸟雀伤害种子、禾苗，就用铁丝网把盆罩起来。一春一秋，他用饿苗法和遮光处理，并通过多次间苗筛选，终于培育出两个优良原株。一株收获150多粒种子，另一株收获130多粒种子。他将这两株浸透心血和汗水的种子，分别定名为"朝阳矮"和"向阳矮"。其中，"向阳矮"就是十多年后育成"丛生快长"新类型"双桂1号"的始祖。

严谨治学：做黄老的助手不容易

江奕君和林青山都是长期跟随黄耀祥的科研助手，对他们来说，当黄老的助手很不容易。黄老对工作要求很高，这是他们共同的感受。

据他们回忆，从他们工作的第一天开始，黄老就要求他们做好研究记录，对于植物的株型及叶片、茎秆、穗的大小都要详细登记；写文章要反复修改，一个标点符号都不能放过。

在黄耀祥看来，选择育种材料时，不但要讲究科学，还要充分发挥育种家经过长期艰苦实践得来的官能敏锐性和运用自如性。官能鉴定是科学与艺术的结合，不仅要看单株长相，更要看群体结构；不仅要看静态，更要看动态，分析其内部生理的相关性，从而判断是否有发展苗头。"经过他的严格训练，我做事更加严谨细致，这对于我以后的发展产生了积极的影响。"江奕君说。

学 术 交 流
Academic Exchange

1985年8月黄耀祥访问国际水稻研究所时做学术报告

1986年黄耀祥（右2）第二次率团访问国际水稻研究所，左2为代表团副团长郭俊彦（中国科学院华南植物研究所所长）

1986年黄耀祥(左2)与国际水稻研究所所长(右2)

国际水稻研究所原育种系主任、首席育种家Khush博士迎接黄耀祥(右1)一行

Academic Exchange 学术交流

黄耀祥（左2）与专家进行学术交流

2002年首届国际水稻大会派专人到机场送鲜花迎接黄耀祥（左2）一行

半矮秆水稻之父 黄耀祥
The Father of Semidwarf Rice
Huang Yaoxiang

黄耀祥参加2002年首届国际水稻大会，并做题为《生态育种50年5个台阶》的大会报告

Academic Exchange 学术交流

黄耀祥（左）与国际水稻研究所原育种系主任、首席育种家Khush博士（右）合影

黄耀祥二儿子（右）作为黄耀祥（左）助手出席2002年首届国际水稻大会

黄耀祥夫人（右）陪同、照顾黄耀祥（左）旅途起居

黄耀祥（1排左2）接见外国专家

黄耀祥（右2）接待国际水稻研究所专家来中国考察矮化育种进展

黄耀祥（左）接待袁隆平院士（右）来访

黄耀祥（左4）与袁隆平院士（左3）等专家合影

黄耀祥（右）与卢永根院士（中）、闵绍楷所长（左）合影

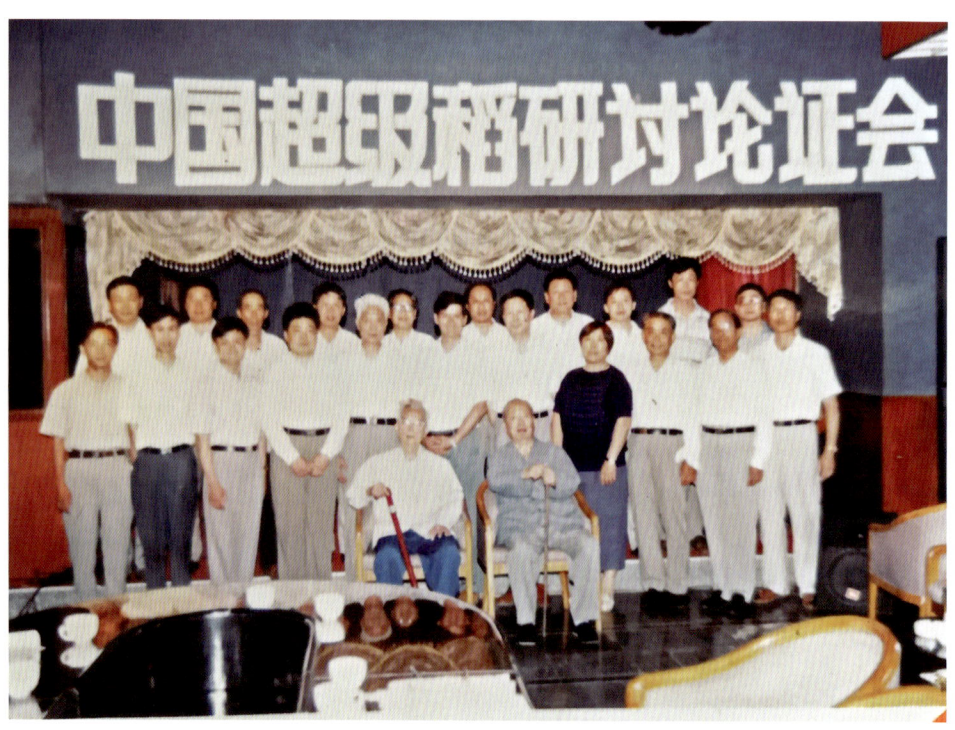

黄耀祥（前排左）与杨守仁教授（前排右）等专家一起参加中国超级稻研讨论证会

Academic Exchange 学术交流

黄耀祥（左1）参加水稻超高产育种学术讨论会暨现场观摩会

黄耀祥（后排右2）参加1999年度超级杂交水稻选育总结会

黄耀祥参加第四次全国农作物育种工作会议

黄耀祥(右4)参加中国超级稻专家委员会会议

黄耀祥(左6)到四川省农业科学院进行交流访问

黄耀祥参加广东省种子协会第三次代表大会暨学术讨论会

黄耀祥（右7）参加超级稻育种攻关会议

黄耀祥（右2）给全国超级稻育种专家介绍水稻根系研究情况

国家发明奖考察现场黄耀祥(左3)与中国农业科学院刘更另院士(右1)一起观察水稻

黄耀祥(1排中)参加南方稻区良种"特青"的扩繁会

黄耀祥(1排左6)参加全国两系法杂交稻现场考察研讨会

Academic Exchange 学术交流

黄耀祥（1排左3）参加"八五"项目攻关会议

黄耀祥（1排左7）参加项目研讨会

黄耀祥（1排左5）参加广东省遗传学会第六次代表大会

黄耀祥（1排右7）参加"八五"国家水稻育种攻关总结会

黄耀祥（1排左7）参加第二届全国微生物遗传学学术研讨会

黄耀祥（1排左5）参加中国超级杂交水稻协作组会议

广东省农业科学院新老领导班子成员合影（1排右2）

服 务 生 产
Service for Rice Production

黄耀祥（右2）在广东罗定考察水灾后的稻田

黄耀祥（右）亲自指导生产

黄耀祥（1排右5）到贵州黔南考察

黄耀祥（1排右3）到黔东南苗族侗族自治州农业科学研究所考察

黄耀祥（左2）在番禺考察高产田

黄耀祥（1排右2）到贵州安顺调研

黄耀祥（左）在福建农林大学观察国际水稻研究所超级稻

黄耀祥（右1）参加广东省农科院（今广东省农业科学院）水稻高产良种"特青"中试汇报会议

Service for Rice Production 服务生产

黄耀祥(右3)亲自给基层农技人员介绍新品种

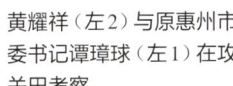
黄耀祥(左2)与原惠州市委书记谭璋球(左1)在攻关田考察

黄耀祥(左4)到中山三角考察

黄耀祥（左3）到揭阳水稻新品种示范现场考察

黄耀祥（左2）考察雷州东西洋水稻

Service for Rice Production 服务生产

黄耀祥（左6）到台山都斛指导农民生产水稻

"祥叔"（左）送种下乡

黄耀祥（右2）到中山三角调研

黄耀祥（左5）考察揭阳种植的"胜泰1号"百亩高产示范田

黄耀祥（1排左4）助力家乡发展

黄耀祥（中）接受采访

黄耀祥（1排右1）参加1993年中山大学校友会

传 承 发 展
Inheritance and Development

广东水稻生态育种走在世界前列
——讲述黄耀祥及其科研团队背后鲜为人知的故事

广东省农业科学院水稻研究所

> 他育成了第一个水稻矮秆品种,推动了第一次绿色革命;他90岁高龄时,一谈起水稻,仍然精神振奋,即使在病床上,也仍要谈论水稻的话题;他被称为"中国农业科技界的'南帝'"……

在中国农业科技界,流传有仿照金庸小说而排列出来的"南帝、北丐、东邪、西毒、中神通"的说法,黄耀祥院士就是其中的"南帝"。

水稻作为我国最重要的粮食作物,种植面积约占粮食作物总面积的30%,总产却占粮食总产的40%。稻米是我国50%以上人口的主食。在我国人口年增加约1 500万人、耕地不断减少的形势下,要保证粮食自给就必须大力提高水稻单产。在提高水稻单产的诸多措施中,选育和推广良种最为经济有效。

黄耀祥终生致力于超高产、特优质水稻品种的选育,为的就是让老百姓吃上营养高、口感好的大米。

一
掀起了绿色革命

年少时的黄耀祥目睹了不少穷苦农民在国内难得温饱,无奈背井离乡,出国谋生的悲惨遭遇。于是,他立志"以农立国,振兴中华",使人人都有饭吃。黄耀祥不顾父亲的劝阻,放弃了中山大学物理专业的志愿,而转读农学系,主攻作物遗传育种学。大学毕业后,他先在云南省第一农事试验场从事稻麦育种工作，后到广东省稻作改进所工作，除1946年5月后的3年多时间因故改行教书外，一直在从事水稻育种研究。

20世纪50年代前，在南方，种植的都是高秆品种水稻。那时，每遇台风暴雨，水稻就会严重倒伏减产。为选育耐肥、抗倒的水稻高产品种，奋斗在农业一线的黄耀祥和他带领的科研团队进行了艰苦的科研攻关。

黄耀祥从"树大招风"的民谚中得到启发，水稻秆越高，茎秆基部受到的折力越大。"高个子不行"，于是他定下了朝矮秆努力的方向。1955年，他从广西玉林引进农家品种"矮仔占"，其秆只有70～80厘米，并具有耐肥、耐倒伏、根群发达的优点，但该品种抗病力弱，丰产稳产不理想，熟期太迟。为此，黄耀祥刻苦钻研遗传学、工程学、物理、化学等多学科知识，充分运用各种科学手段和方法，对水稻矮秆进行全方位试验和研究。

最终，他于1959年育成了第一个人工杂交矮秆良种水稻——株高90～100厘米，同时兼具高产量和抗倒伏优点的"广场矮"。这在世界水稻育种史上是一次重大突破，它比后来在国际上曾经轰动一时的、由设置在菲律宾的国际水稻研究所于1966年才育成的、被称为"奇迹稻"的"IR8"早出世7年。"广场矮"有效地解决了长期以来农民渴望解决的水稻倒伏减产问题，每亩产量由过去的200～250千克提高到350～400千克，对水稻的生产起到重大的推动作用，创造了巨大的社会效益。中国水稻研究所前所长熊振民评价说："矮秆品种的育成和生产应用比其他产稻国家领先10年，矮化育种是中国育种史上一个重要里程碑，在国际水稻的研究上也是划时代的成就。"这个成就也使黄耀祥获得了"半矮秆水稻之父"的称誉。

另辟蹊径获高产

20世纪60年代，黄耀祥又带领他的科研团队育成"广场矮""珍珠矮""江南矮""二九矮""双竹占""朝阳矮""双桂""丛芦"等十几个各具特色的矮秆良种，成为华南稻区主要当家品种大面积推广种植。历时20多年后，黄耀祥认为，"广场矮"等品种的产量已至极限，必须另辟蹊径方能使水稻更高产。通过多方分析研究，吸收世界上一些水稻专家的成果和意见，他决定在丛化育种方面着力突破。丛化育种是针对高温多湿、昼夜温差小、日照少的不良气候，培育出具有丛生快长、动态株型结构、群体内通风透气好等特点的全

新品种。

黄耀祥开始了又一轮科技攻关。他在亲本选配上,把高光效的丛生快长株与叶绿素含量高、具有高光机能的矮秆良种进行配对,将两者有利基因和全部优点综合在一起。经苦心培育,又一代全新水稻良种"桂朝2号"和"双桂11"诞生了。"桂朝2号"在云南大面积栽培,每亩产量超吨。1985—1988年,美国4个州连续4年区域性试验中,"桂朝2号"位列全美水稻产量首位,被美国水稻专家称为"神奇种子"。

自中华人民共和国成立以来,他带领水稻育种团队育成推广面积较大的品种有60多个,其中"广场矮""特青2号"和"胜优2号"等15个品种累计栽培面积共达6 149.4万公顷,增产稻谷460多亿千克。我国籼稻区1965年实现良种矮化,32年来累计栽培面积4.48亿公顷,增产稻谷3 360亿千克,黄耀祥这一开创性的卓越成就和贡献,为国际水稻育种界所公认。

20世纪80年代后期,超高产水稻的研究在国际上竞争更趋激烈,而年届古稀的黄耀祥并没有止步,他先后育出"特青""胜优"双季一亩单产创857.5千克的超世界水平良种。20世纪90年代,为适应新的形势,他又率先开展超高产特优质新品种选育研究,培育出产量高、米优味香的"七秀占3号""望稻1号""奇妙香"等8个超级新品种,为人类水稻事业的发展作出了重大贡献。国际水稻育种同行赞誉黄耀祥为"水稻生态育种先驱"。

三、超级稻破冰而出

1995年,当粮票已从流通领域步入收藏领域时,美国人布朗发表了《21世纪谁来养活中国人》的文章,指出:中国的人口增长不可逆转;中国的农田减少不可逆转;环境破坏造成的农作物减产不可逆转。虽然中国也有能力用足够的外汇储备来购买美国的所有粮食,甚至买上几年美国的收成,但谁又能供应得起十几亿中国人的粮食缺口?

文章触动了中国稻作界几位泰斗的心,黄耀祥院士和沈阳农业大学的杨守仁教授一起向上级、领导上书,共商解决之策。在黄耀祥等专家的共同努力下,1996年,中国超级稻研究计划正式启动,并先后被列入国家"863"攻关项目、农业部跨世纪"新曙光计划"重大科技攻关项目、"国家农业跨越计划项目"和"国家超级稻研究与示范推广项目",还获总理基金直接拨款支持。经过十多年的攻关，培育出的一批超级稻品种在生产上大面积推广应用，为我国粮食安全发挥了重要作用。

四 水稻育种接力赛

2004年2月22日，黄耀祥院士逝世，他的一生都献给了中国水稻育种业，他所带领的水稻育种团队在其精神的感召下，依然默默无闻，甘于寂寞地奋战在水稻育种工作的一线上，为广东乃至南方稻区的水稻生产提供强大的科技支撑，为确保我国粮食安全不断作出贡献。近年，该团队在超级稻品种选育上取得了令人瞩目的进展，优质超级晚稻育种和广适型超级稻育种方面率先取得重大突破，育成了多个超级稻品种（品系）和组合在生产上大面积推广应用，其中"胜泰1号""桂农占""金农丝苗""合美占"和"玉香油占"5个品种被农业部（今农业农村部）确认为超级稻品种，占了全国被确认超级常规籼稻品种的3/4。这5个超级稻品种米质主要指标均达国家优质米二、三级标准。其中，品质可与泰国优质香米相媲美的优质超级稻品种"胜泰1号"在2005年成为国家第一批主推的28个超级稻品种中唯一的常规籼稻品种。"桂农占"被称为"我国超级晚稻育种取得突破的先锋品种"，在广东、海南省两年区试均比对照增产11%以上，表现出极好的广适性和丰产稳产性能。这些超级稻的育成及大面积推广应用，对确保我国和广东粮食生产安全具有越来越重要的作用。

他们在不停延续着水稻育种的接力赛，在单产、优质、抗性、广适性等指标上一次又一次刷新着纪录，书写了一个又一个神话。

本文原载于《中国农村科技》，2008（09）：30-33，有删改

寄托哀思，追随父辈理想

黄拱文

黄拱文：黄耀祥二儿子，参与了黄耀祥大量的科研工作，在2002年国际水稻大会上替父做《生态育种50年的5个阶段》主题报告。虽身处国外、所学非农，但父亲对他的影响一直伴随着他。

矮化育种成功60周年了。这一科学创举影响了中国和世界。

1955年，父亲引进"矮仔占"准备杂交培育抗倒伏的高产良种时，我入读文德路小学一年级。

父亲的办公桌就在家中的大厅中。工作日的晚上与周末，父亲就静静地在这儿工作。周围发生的一切，母亲听广播学俄语、我们三兄弟的闹腾，都影响不了父亲。

父亲没有时间花在娱乐上。我只记得有一次，父母亲去"中山纪念堂"观看世界著名舞蹈家乌兰诺娃主演的芭蕾舞剧《天鹅湖》。日后，听《天鹅湖》的音乐，也是父亲工作中片刻休息的喜好。我中学考入了华南师范大学附属中学，当时还不知道，附中前身之一的"中大附中"，就是父亲的母校。

我开始接触父亲的研究工作，是在1967年的初春。当时，父亲被限制进行科研，但父亲没有放弃育种工作，他买来了直径约60厘米的几个大花盆，从郊区一点点地取回泥土，开始了"天台育种"。

我从中帮忙，也开始了解和学习父亲科研创新的思维方法。

我们家住文德路朝阳里，父亲就是在这里育成了"朝阳早18"，后来父亲利用到郁南县宋桂镇（当年叫宋桂公社）的农家劳动的机会，将"宋早甲"与"龙阳矮"杂交育成了"桂阳矮"系列品种："桂阳矮1号""桂阳矮17号""桂阳矮49号""桂阳矮121号"等，"桂阳矮"的"桂"字便是来源于此。利用"桂阳矮49"和"朝阳早18"育成了闻名世界的高产良种"桂朝2号",接着利用"桂朝2号"与"桂阳矮17"杂交育成了"双桂1号""双桂36"等丛生快长代表品种,父亲的努力取得了应有的成果,逐步建立了生态育种体系,开创水稻矮化育种、丛化育种、半矮秆"早长"超高产育种、半矮秆"早长"超高产(特)优质育种、半矮秆"早长、根深"超级稻育种等株型育种理论,从实践中总结提出了加快育种进程的组群筛选法,育成了一大批优良水稻品种,并在生产上大面积推广应用。

1986年,父亲率团访问了国际水稻研究所(副团长为中国科学院华南植物研究所所长郭俊彦博士)。父亲向在那儿工作和学习的世界各国水稻专家们做了一次题为《水稻生态育种和组群筛选培育选择法》的学术报告。国际水稻研究所原育种系主任、首席育种家Khush博士高度评价了这次访问。

Khush博士在随后写给父亲的感谢信中说:"我个人学到很多您长期从事水稻育种的经验,我们的很多同事为有机会见到世界上最有经验的水稻育种家而感到高兴。"

这绝不是客套话。单以组群筛选法来说,内行人明白理解之后,就会领悟到这出自一个高手。

父亲首先进行了数学上的分析:基于大数定律,在"多因素分离重组"中要保证获取受概率分布规律决定的极小比例的"理想组合",就必须满足"大样本"量。同时,在传统育种技术领域,他既能深刻清楚认识各种传统杂交选种方法的优缺点,又有丰富实践经验,并能灵活巧妙地充分利用它们各自的优点,扬长避短,由此创造出效率高、成功率高、速度快、优良基因性状漏失低的杂交后代筛选方法。

组群筛选法的出现,能很好地避免杂交后,经过数年种植选择而最后无法获得理想良种的普遍现象。

2002年国际水稻大会上,一位泰国水稻专家,带着从泰国带来的月饼,对父亲当年的学术报告给他研究工作带来的影响表示感谢。

父亲一再强调的另外一件影响了中国水稻科技进展的大事,就是陶铸、丁颖院士等在"反右"运动中,保护了父亲。也就是说,他们保护了矮化育种这项1956—1959年完成的重大科技成果,以及后来衍生的生态育种研究及成果,改变了中国粮食生产的态势。历史必须记下这一笔。

"杂交稻"出现之后,父亲坚持以进行常规遗传杂交育种为主要基础,显示了他对水稻种子业健康发展,以及水稻生产长远利益的重视与远见。他指出，"杂交稻"本质上是"杂种优势利用"，是完全基于常规良种的，扼杀常规遗传杂交育种是"自毁"。他明确提出，"常规稻、杂交稻和平竞争"才是发展的正道。现实证明了他这方针的正确与显著成效。

父亲的身教言传对我的影响很大。

父亲看到过我挂在书房墙上的华南师范大学附属中学"八字学风"："勤奋、刻苦、踏实、认真"。他说，这四个词有交叠的意思，而且，科研创新的品质仅仅这八个字不够概括。他提示我从众多的杰出科学家的成长与发明创造的过程中去找答案。

与孙女合影

父亲进行育种研究50年来发展"水稻生态育种体系（五个阶段）"的每一个创新的思路，他开创出的水稻育种组群筛选法，都作为实例帮助我明白做好科研工作需要具备的修养品质。

我写下了新的"八字学风"："勤奋、认真、灵活、坚毅"。

我出国留学之后，父亲告诉我，和我通电话，他感到就像我在他身边一样。因此，我争取每天或隔天给父亲打电话。他的研究工作进展，是主要的话题。有一次通话时长1.5小时。

我回国探亲的时间安排会配合父亲的活动。我陪同父亲出席了2000年的"中国超级杂交稻年会"，更以助手身份陪同父亲出席了2002年的"国际水稻大会"。

父亲因田间工作多年，受紫外线影响，晚年患"青光眼"导致视力严重减退。因此，"国际水稻大会"的论文执笔、主旨发言、展板设计，都是我协助完成的。

我一直牢记父亲的嘱咐，积极回馈养育我的国家和人民。

1999年，我写了16篇专栏文章介绍卡内基梅隆大学软件工程研究院创立的"软件工程能力成熟度模型CMM"，并以此为培训材料，受科技部及信产部的邀请，在北京主持了有数百位软件专家与工程师参加的研讨会。

在同行们的要求下，我开设了媒体专栏《硅谷寄语》，与国内交流、报道新的科技、产业动态，并提出建议与评论。

我也没有忽视教育与人才培养问题。贸易、产业、科技、人才，归根结底，就是教育问题、人才培养问题。

我发表了长文《中国网络教育向何处去（上、下）》，对中国远程教育及希望工程起到了重要影响（《人民网》登载了该文章）。我帮助父亲与我共同的母校华南师范大学附属中学促进了"信息教育"的发展。我也与华南理工大学的信息科学教师们进行了交流。

我担任广州市芬芳幼儿园教育部重点课题"幼儿双语教育师资培训"的顾问时，在课题实践中移植了"软件工程师能力培养"的一些技术，取得了优异的成果。课题论文获"优秀论文奖"。

到2019年年初，我已与"广东省实验中学"（前身也包括父亲的母校"中大附中"）第二次开展了"中等教育如何回答'钱学森之问'"的主题座谈。

华南师范大学附属中学前校长、现在的广州中学吴颖民校长，正在帮助我联系脑科学家，准备展开脑科学应用于人才培养的探索。

我希望自己能够追随父亲的理想、不会辜负父亲的嘱托。

黄耀祥全家福

传承黄耀祥生态育种学
再创水稻育种新辉煌

林青山

林青山：大学毕业即进入黄耀祥科研团队，在他身边工作近20年。现在的他，继续着水稻的科研事业，希望把生态育种学传承下去并发扬光大，创造水稻育种的新高度。

一
跟随黄老，引以为豪

黄耀祥院士1959年通过人工杂交育成了中国第一个半矮秆水稻品种"广场矮"，引领世界第一次绿色革命，被誉为半矮秆水稻之父。"广场矮"的育成，在世界水稻育种史上是一次重大突破，它比后来在国际上曾经轰动一时的、由设置在菲律宾的国际水稻研究所于1966年才育成的、被称为"奇迹稻"的"IR8"早出世7年。

"广场矮"不仅有效地解决了长期以来农民渴望解决的水稻倒伏减产问题，而且在水稻育种史上，打破了自开展杂交育种以来，局限于改良高秆水稻品种性状的老传统，开创了一条矮化育种的新途径。这是中国水稻育种史上一次重大突破。

黄耀祥院士长期深入生产实际，针对生产上存在的问题，提出正确的育种思想、目标和相应的技术路线，并不断改进育种方法，以株型塑造为核心，分阶段先后提出有独特见解的矮化育种、丛化育种、半矮秆"早长"超高产育种、半矮秆"早长、根深"超高产（特）优质育种、超级稻育种，以及杂交育种的组群筛选法一整套技术体系，从而建立了华南水稻生态育种科学体系，丰富和发展了水稻育种学。

他一生育成"广场矮""珍珠矮""广陆矮4号""桂朝2号"和"特青2号"

等大面积推广应用的著名水稻品种,推广面积超过1 000万亩的品种有15个,其中,"广陆矮4号"累计推广面积2.57亿亩,为矮秆品种之冠,"珍珠矮"1.7亿亩,"桂朝2号"1.8亿亩(统计至1990年,现在云南、四川等省仍有几十万亩的种植面积),最高产量达1 045.4千克/亩,是全国第一个每亩产量超吨粮的水稻品种,创全国水稻单产最高纪录。

矮化育种60年来,据不完全统计,全国累计推广矮秆籼稻良种175亿亩以上,在高秆品种基础上增产稻谷累计高达17 500亿千克。

二 团队传承,育种再突破

黄耀祥院士的一生都献给了中国水稻育种业,他带领的水稻育种团队在其精神的感召下,依然默默无闻、甘于寂寞地奋战在水稻育种工作的一线上,为广东乃至南方稻区的水稻生产提供强大的科技支撑,为确保我国粮食安全不断作出贡献。近年,该团队在超级稻品种选育上取得了令人瞩目的进展,优质超级稻育种、广适型超级稻育种方面率先取得重大突破。

(1)针对华南稻区的生态特点,率先构建了"华南早晚兼用型优质超级稻株型模式"。该模式的主要特点是"早长、根深、叶片厚直",个体优势与群体优势相协调,高产、稳产、优质相统一。该模式是华南水稻生态育种理论的传承与发展。

(2)创制了"金桂占""广农占""R615"等一批具有早生快发、丛生快长、高光效、耐荫蔽的优异种质,被国内外多家育种单位利用并培育了一百多个新品种。首次阐明了超高产种质特青每穗粒数的遗传基础。利用"特青"×"Lemont"构建的遗传群体,克隆出控制每穗粒数的关键基因$GNP1$,阐明了超高产种质的库源性状形成及相互调控的分子机制,对提高水稻高产育种效率具有重要的促进作用。

(3)育成了"桂农占""玉香油占""合美占""金农丝苗"4个早晚兼用型优质超级常规稻品种,占全国确认的籼型超级常规稻总数的50%,4个品种连续多年被国家或广东省列为主导品种。其中"桂农占""合美占"在省区试16个试点100%增产,"桂农占"是首个两省区试增产幅度最大且米质达国标优质2级的超级常规稻品种,"玉香油占"是"粤香占"做对照种7年以来第一个2年区试产量均列首位的品种,自2011年起至今作为广东省区试对照种。"金农丝苗"是我国第一个稻米品质达国标优质2级的籼型超级常规稻,2年省区试产量平均比杂交稻对照增产8.5%。百亩示范多次突破华南稻区水稻单产水平。2005—2018年,除了育成6个超级稻品种外,还育成70多个优质高产抗病水稻品种并大面积推广应用于生产。

（4）集成了配套的轻简高效栽培技术,形成了早晚兼用型优质超级常规稻直播、机插技术规程,契合了现代水稻产业发展的需求。至2018年,"桂农占""玉香油占""金农丝苗""五丰优615"和"吉优615"6个超级稻仅广东省累计推广3 000多万亩,增收增效近百亿元,社会经济效益显著。

以陈温福院士为主任的成果鉴定委员会认为,该成果系统性强,创新性突出,居同类研究的国际领先水平。

结　语
Concluding Remarks

"一粒种子可以改变世界"。读懂这句话的人，最能懂得种子的力量，也最能读懂科技进步给农业革命带来的巨大变化。

60年前，以"广场矮"为代表的半矮秆水稻品种的成功选育，拉开了水稻矮化育种的序幕，带来了中国水稻产量的第一次飞跃。在矮化育种的基础上，袁隆平院士的杂交水稻成功应用，带来了中国水稻产量的第二次飞跃。

今天，中国科学家们不断改良水稻品种，不仅让中国人养活了自己，还走出国门，让世界人民不再饥饿。

"以农兴国，振兴中华"正是水稻矮化育种的开创者黄耀祥院士一生的奋斗目标，他用短暂的一生去实现让人们吃饱饭、吃好饭的愿景。

人的生命是有限度的，但精神是能够无限传承的。2019年，恰逢矮化育种60周年，也是黄耀祥院士105周年诞辰，我们通过回顾与展现他工作、生活中的点滴，挖掘其闪亮的精神品质，让其成为我们宝贵的精神财富，激励我们为建设世界科技强国而努力。

纪念，是为了更好地前行！

附录1　黄耀祥部分重要论文
Appendices 1　Some important papers published by Huang Yaoxiang

本文原载于《作物学报》，1966，5（1）：33-40

广东水稻矮化育种工作的初步总結

广东省农业科学院

一

1958年以来，广东省的水稻矮化育种工作，在三面紅旗的光輝照耀下，进一步貫彻領导、科研人員和群众三結合的方針，大抓研究方法的技术革新，在培育和推广良种方面，取得了一些成績；从1959年到现在，先后培育成功幷推广到大面积生产上去的品种，早造主要有"广場矮"、"珍珠矮"、"江南矮"、"江矮早"、"二九矮"、"四九矮"等，晚造主要有"广秋矮"、"广二矮"、"鴨仔矮"、等，共約十个品种，五十多个优良品系。除了这些较普遍推广的良种外，近两年来，全省各级农业科研单位和农民育种家也培育出一大批各具特色的矮秆新品种，目前正在各地积极試种和逐步推广，早造有省农科院育成的"广解"、"矮南粘"；有海南农民育种家王秀和育成的"金江矮"；湛江专区农科所育成的"湛农早"；饒平县农科所育成的"饒平矮"；韶关专区农科所选出的早熟"广矮6号"；清远县良种場选出的"珍珠高"等。晚造有省农科院育成的"矮齐眉"；汕头专区农科所育成的"汕溪矮"、"汕广矮"；高州农校育成的"高农晚矮"；韶关专区农科所育成的"矮龙"；潮阳县农科所选出的"韮矮"，澄海县农科所育成的"澄秋矮"，新会县环城公社农科站育成的"矮澄"等。

矮秆稻种的育成，是我省农业生产上的一件大事。它解决了障碍我省水稻产量提高的倒伏减产問題，为大幅度提高水稻的单位面积产量，开辟了广闊的前景。几年来的生产实践証明，矮种在本省不同类型地区和不同肥力水平的田类种植，都表現了广泛的适应性和突出的丰产性能。在相同的栽培条件下，一般都比原来的高秆品种每亩增产稻谷百斤以上，增产幅度一般随着施肥水平的增加而提高。近几年来，全省中等至中上等稻田在水利过关的基础上，推广矮种的結果，产量由过去每亩四、五百斤跃增到七、八百斤水平。前几年曾有人认为矮种只适于肥田，不适于瘦田，但是自从"珍珠矮"品种和"广場矮"、"江南矮"的一些品系在各地推广以后，大量的事例說明；即使在低肥水平的田类种植矮种，也比高种增产。不仅如此，在沙田、咸田、沿海咸酸田、黃泥田、山坑冷底田等許多特殊田类也表現了很强的适应能力，一般都比当地高秆品种显著增产。近几年来，随着矮秆品种推广面积的不断扩大，全省不少地区已逐步改变过去双季稻"早四晚六"的早稻低产面貌，出現了"早六晚四"的新形势。1965年早造全省矮种推广面积已达1800万亩以上，占早稻栽培面积的三分之二左右，1966年全省有可能基本实现早稻矮种化。晚造矮种目前也正在迎头赶上，1965年晚造已推广40多万亩，大部分表現良好，1966年将因地制宜地积极扩大試种和推广。

随着本省矮种面积不断扩大的同时，附近各省近年来引种試种矮种也获得普遍的成功。如福建、浙江引种"矮脚南特"和"江矮早"作双季早稻栽培；江苏、浙江、湖南、湖北、四

附录1采用影印方式出版，由于历史原因，书影中不可避免地存在一些错别字、异形字、不規范简化字，也存在一些当时通行的計量单位等与现行规范和标准不一致的情况，请广大读者在阅读时注意鉴别、换算。

川引种"广场矮"、"珍珠矮"和"二九矮"作中稻或連作晚稻栽培,一般增产幅度都达到20%以上,种植面积正在不断扩大。现在,矮种的推广区域,已远远跨过岭南,向长江以南各省扩展,向北的界限已伸到河南。据粗略統計,1965年本省及东南各省,包括"矮脚南特"在內的矮种种植面積約在三千多万亩。最近,中南、华东、西南各省及上海共十一个省市,来广东調运作明年推广的矮种数量,已經达到一亿多斤。这充分展示了矮种在我国南方各省的推广前途,同时也表現了矮种对地区的广泛适应性。

矮种为什么对地区和土壤肥力具有如此广泛的适应性?为什么比高秆品种显著高产?根据近几年的研究,我们初步探明了矮秆品种之所以比高秆品种高产的一些形质結构上的特点:首先,从地下部看矮种的根系比高种发达。据观察,"江矮早"、"珍珠矮"等矮秆品种每株的根数都比同熟期的高秆品种多100多条。根的干物质重量矮秆种也比高秆种高。此外,矮种一般出根較快,根生长也較粗壮,且分布深广,因而吸肥力强,对肥料的利用率高,能促进分蘗早生快发。其次,矮种耐肥抗倒力强,为稳产高产奠定了巩固的基础。矮种根群发达,对土壤的固着力强,茎秆一般比高秆品种短25—35厘米,节間短而密集,重心低。据測定,"珍珠矮"的平均节間长度比高秆种"广場13"短6.76—13.8厘米。"广場13号"的重心离地面39.30厘米,"珍珠矮12号"只离地面26.20厘米。从茎秆的干物质重量的分布来看,高秆品种上下接近一致,呈"旗杆式"的状态,而矮种上輕下重,呈"金字塔"状态,基础比高种稳固。另外,矮种品种茎秆机械組織也較发达,因此具有显著的抗倒能力。高种在每亩施氮7—8斤以上,亩产五、六百斤以上的情况下,在正常年景即发生倒伏,而矮种在亩施20斤氮以上仍不倒伏,从而能获得較高的产量。第三,从地上部分看,矮种用以进行光合作用的綠色器官的面积比高种大,群体結构良好,能充分利用空間,吸收更多的日光能来制造干物质。据历年观察,同熟期的矮种一般比高种多一片叶子,在相同的栽植密度下,"珍珠矮"各生育时期的鮮叶数均比"广場13号"多,叶面积系数大1/8—1/4左右。另外,矮种的分蘗力强,分蘗多集中在前期,茎秆分布集散适中,叶片較短而挺直,植株內部通风透光良好,能充分利用生育前期的空間,后期又不致于过度繁茂造成郁闭,群体和个体的发育較为协調,所以有效分蘗多,成穗率高。第四,从內在的生理特点看,矮种制造养分的能力比高种强,而且能把制造的营养物质大部分輸送到穗部去构成稻谷,在相同的干物质重量的情况下,矮种制造的谷多秆少,高种制造的秆多谷少。据測定,"广場矮3784"各个生育时期植株体內的氮素含量均比"广場13号"高,"广場矮3784"在齐穗期和黃熟期每亩全氮含量为11.32斤和10.04斤,而"广場13号"只有8.42斤和8.58斤。叶、鞘、茎和穗部的淀粉含量,矮种也比高种高,齐穗期多22.17斤,黃熟期多113.50斤。在同化器官制成了干物质以后,从把这些干物质运轉到穗部的多少来看,从抽穗到黃熟期,"广場矮3784"能将制造的淀粉的一半左右运輸到穗部,輸送的淀粉总量达371斤,而"广場13号"只能輸送1/3,共210斤。因此,在同量的干物质数量的情况下,矮种制造的谷多秆少,谷秆比值一般都在1以上(1—1.5),而高秆品种则在0.9以下。第五,从最終构成产量的平均有效穗数和平均穗重来看,矮种也比高种高,在相同的栽培密度的情况下,每亩有效穗数矮种一般比高种多2—3万穗,結实率也比較高,如在水肥条件充足的情况下,矮种每亩有效穗数达22万多穗时,每穗粒数仍在90—100粒以上,結实率一般可达80—90%,而高秆品种在每亩20万穗以上即出現个体发育显著削弱,穗重減少。从以上对矮秆品种特点的分析可以看出，矮秆品种不仅由于具有比高秆品种耐肥抗倒伏的能力，从而为稳产高产奠定了巩固的基础，而且，不論从植株外部的形态結构和內在的生理特点来看，矮种也有許多比高种优越的地方，这也就是为什么矮种具有强大的生命力，为什么能比高种增产的原因所在。这些研究结果，还是比較初步的，对于矮种比高种增产的許多內在的生理原因，还需要作深一步地探索，但是，现有的研究结果，已大大加深了我們对矮秆品种的認識，更加堅定了我們今后坚持矮化育种方向的信心。

二

广东水稻矮化育种的成功，归根结蒂是毛泽东思想的胜利，是在科学研究工作中坚持一切从实际出发，狠抓主要矛盾，集中兵力打歼灭战，大破"形而上学"，大兴唯物辯証法，敢于进行技术革新，坚持科学研究走群众路綫，和坚决貫彻党的"科学研究为生产服务"的方針的结果。水稻矮化育种是在科学研究工作上进行的一次大胆的、丰富的实践，經过多年来不断的实践、認識、再实践、再認識，使我們初步摸到了一条多、快、好、省地培育良种的正确途径，在育种工作上积累了以下几条基本經驗：

1. 选育种工作和其他研究工作一样，必須坚决貫彻党的"农业科学为农业生产服务"的方針，一切从本地区农业生产的实际情况出发，在全面分析农业生产存在問題的基础上，抓住各个时期的主要矛盾，正确制定选育新品种的目标。

广东省的水稻总产量虽然在解放后有了很大增长，但是单位面积产量仍然很低。单产低的原因，主要由于自然灾害頻繁，肥料不足和低产田面积大。从品种方面考慮，主要是沒有抗倒伏的高产品种。广东是全国受台风最頻繁的地区，根据1884—1957年74年的台风资料統計，5—10月在广东登陆的台风共337次，平均每年4.5次，其中又以7、8、9三个月最多，由于台风的侵袭，給广东稻作造成了严重的威胁。在1958年以前，广东种植的水稻都是不耐肥的高秆品种，常因台风侵袭而造成严重倒伏减产，减产幅度一般达二到四成，全省每年倒伏的稻田早造有一千万亩左右，晚造也有好几百万亩，每年因倒伏损失的稻谷达几亿斤以上。在1958年大跃进开展粮食高产运动以后，这个問題显得更突出了。因此，要提高水稻单位面积产量，就必須解决倒伏問題。我們就抓住这个主要矛盾，把抗倒伏作为选育新品种的主攻关键。

其次，在抓住主要矛盾的同时，又要綜合考虑与高产稳产密切相关的其他性状。我們在确定选育新品种的目标时，除了以抗倒伏为主攻关键外，还全面分析了广东由于高温多湿的气候特点，和要进行高产栽培而形成的密植多肥的生态环境下，必須要求品种有較强的耐肥性、耐密性和抗病性。我們又考虑到本省农业生产的类型地区和耕作制度非常复杂，各地区对品种的要求各有其特殊性，这些特殊性从气候方面来看，主要是对品种的成熟期和抗寒力要求的差异，从田类来看，主要是要求品种适应土壤肥力水平高低的差异。如果能够选育不同成熟期和抗寒力較强的品种，以及对田土肥力适应性較广的品种，就可以基本满足全省广大地区对品种的要求。

基于以上分析，我們从全省各地对品种要求的共性出发，确定以抗倒伏为主攻关键，并辅以耐肥、耐密、抗病等特性为选育新品种的綜合育种目标。同时为照顾各地区对品种要求的特殊性，又注意在试驗設計和选种过程中，选择早、中、迟不同熟期的品种，和适应不同田土肥力水平的品种,以满足全省广大地区对品种的要求。现在,经过几年的农业生产实践证明,我们确立的这个育种目标是符合广东省农业生产的实际情况的。1959年我们循着以上目标,育成了早稻矮秆品种"广场矮",由于它具有很强的抗倒伏能力,和比较耐肥、耐密、抗病、抗寒的特性,根系也较发达,所以拿到全省各地推广,都表现了良好的适应性和突出的丰产性能,在同等生产条件下,一般都比当地品种增产100斤以上。

生产是不断发展的,旧的矛盾解决了,新的矛盾又会跟着出现。选育种工作必须随着农业生产的发展,不断地分析和抓住各个阶段的主要矛盾,确定科学研究的主攻关键,才能更好地为生产服务。1961年,"广场矮"品种在全省大面积推广以后,使全省不少地区出现了早造产量超过晚造的新形势,晚造生产显得落后了,晚稻倒伏减产问题又成为主要矛盾,所以我们又及时提出以解决晚稻抗倒高产品种为主要目标。对早稻品种,根据已育成的"广场矮""江南矮"品种基本上都是中熟、中迟熟品系,对肥力水平的要求较高,尚不能完全满足各地要求的这一实际情况,又进一步在矮秆抗倒的基础上,提出以"早"(选育当前生产最缺乏的早熟高产品种)、"低"(选育适于全省大面积低产田的省肥高产品种)、"商"(选育适于珠江三角洲沙田商品粮基地的品种)为中心,并在以后相继育成了早熟高产品种"江矮早",和适应性更广的省肥高产品种"珍珠矮",受到了生产上的更大欢迎。选育沙田地区种植的品种,具有较大的地区特殊性,我们则派出研究人员到中山县新辟育种基地进行选育,目前已初步育成适于当地种植的耐浸、抗病的矮秆新品种"花腰矮"、"早金凤矮"。全省第一批晚稻矮种"广秋矮"、"广二矮"等亦在1961年晚造育成,经过1965年大面积试种鉴定,1966年将逐步扩大推广。

2. 选育种工作不但要为当前生产服务,而且要为农业生产进一步的发展做好准备,在研究力量使用上,要瞻前顾后,全面安排,采取当前与长远相结合,以当前为主,坚决贯彻集中兵力打歼灭战的方针。

在研究方向、目标确定后,如何组织力量具体实现?我们认为必须坚决贯彻集中兵力打歼灭战的方针。在每个时期内要突出抓住一个研究中心,以便集中优势兵力,迅速击破。从广东省的实际情况来看,解决倒伏减产问题是总的主攻方向,但是从早稻和晚稻相比,早稻的倒伏减产又比晚稻严重,大多数地区早晚造产量的比例是"早四晚六"。所以我们决定头几年首先集中主要力量抓早造。在早造中,又根据倒伏减产最严重的是全省一千万亩左右的中上肥田,不同熟期的品种比较,又以中熟品种栽培面积最大,所以我们又先着重于耐肥高产和中熟品种的选育。与此同时,因预见到农业生产进一步发展和兼顾生产上多方面的需要,也安排一定力量在晚稻和早稻的早熟品种方面相应地作了许多杂交组合。在1956—1960年,为了集中兵力攻早造,我们除了把领导精力、研究力量重点放在早造外,在具体工作上,为了争取时间,迅速突破,除了在早造正常季节进行早稻育种外,也把大量的早稻杂交材料放到晚造"翻秋"和在冬季利用温室进行选育。而在早稻"广场矮"品种基本育成以后,我们又迅速把领导精力和研究力量转到晚造方面,在攻晚稻矮秆品种时,除了在晚造攻,同时也在早造利用暗室遮光和拿到海南岛"翻春"来攻,以及利用冬季温室进行培育。近几年来随着生产进一步发展,人民生活水平不断提高对米质提出的要求,我们在解决高产品种的同时,也注意了高产、米质优良的品种选育。就这样,每年每造我们都权衡各方面的需要,选配多种多样的亲本,作了大量的杂交组合,每年每造又有研究中心，明确主要解决什么问题，全面安排研究力量。在具体研究步骤上，根据生产需要的轻重缓急，采取了先攻早造，后攻晚造；先攻中熟，后攻早熟；先攻高产，后攻优质；先解决全省普遍性的需要，后解决特殊地区的需要，这几年来，连续育成了一系列不同类型、不同优良性状的矮秆新品种，不断满足了生产上对品种的要求。

3. 大破形而上学，大兴唯物辩证法，打破科学研究的旧框框，实行研究方法的革命化。

广东省的水稻矮化育种工作主要是通过杂交育种的方法进行的。按照过去杂交育种的程序，从开始杂交到育成一个新品种，至少要六、七年的时间。而新品种育成后还要参加两三年的区域试验，然后拿到生产上鉴定，并要繁育到相当的种子数量后才能在大面积生产上推广，这样，所花的时间就更长了。在 1958 年以前，我们的育种工作基本上是如此循规蹈矩地进行的。1958 年开始，全省农业生产飞跃发展的新形势，对抗倒伏品种提出了迫切的要求，迫使我们不得不打破这套陈规，努力寻找多快好省地培育良种的途径。几年来，我们从广东省的实际情况出发，在加快育种速度、缩短育种年限方面，采取了一系列的措施：

(1) 大量杂交，大量淘汰：从 1958 年到现在，我们每年都选择十多个亲本，杂交二三十个组合，每造种植的杂交单系有几千个左右，选种田的面积一般在 80—100 多亩，为进行人工选择提供了极其有利的条件。"大量杂交"在有些人看来似乎是不科学的、"碰机会"的作法，但我们认为有目的地杂交和无目的地"乱交"是根本不同的。有目的杂交是建立在有一定的科学根据的基础上，我们每年对杂交亲本的选配，都是紧密围绕育种目标的具体要求进行的，并且遵循了在实践中总结出来的几条选配亲本的原则：

① 进行矮化育种的亲本中，必须要有一个是矮秆品种。

② 选择的两个亲本应当优点多、缺点少，其优缺点可以相互弥补。

③ 以本地生产上推广种植的优良品种作基础，通过与其他优良亲本杂交，克服其缺点，能够较快地育成适宜本地栽培的新品种。

④ 根据地理远隔类型的杂交原则，选择的两亲本生态类型要差异较大，这样在杂交后才容易产生较大的可塑性和多样性的变异，有利于定向培育和定向选择。

⑤ 培育晚稻矮秆品种时，在目前晚稻较理想的矮秆亲本甚少的情况下，可以利用早稻矮秆品种与晚稻进行早晚杂交，把早稻矮秆品种的抗倒和分蘖力强等特性引入晚稻。用作早晚杂交的早稻亲本，最好是在晚造"翻秋"栽培对晚造气候条件适应较好的品系。同时早晚杂交的后代还可以再和晚稻亲本回交，提高其抗逆性。

由于人类对客观规律的认识始终都具有一定的局限性，所以即使按照以上原则选配亲本进行杂交，也不可能是每个都成功的，其中也存在一定的偶然性，而科学研究的任务也正是要从大量的偶然性中，找出必然性来，所以在进行大量的杂交后，还必须严格地根据育种目标进行大量的淘汰，这样不断地去粗取精，才能够在有限的选种面积上，经常补充大量的新的选种材料，从而为人工选择提供较好的基础。

(2) 克服烦琐哲学，深入田间，从实际出发进行观察和选择。选育种是一件工作量很大的工作，要对千千万万的选种材料进行烦琐哲学的调查是不可能的，也是会"事倍功半"的。为此，我们除了抓住关键时期进行关键项目的调查记载外，尽量抽出时间经常深入田间，熟悉植物、了解植物，进行活的观察和记载。在具体选择过程中，对一个优良杂种单株的选择，不仅要求它个体发育良好，更重要的还要求它在大田群体栽培条件下，能够促进高产群体结构的发展。严格根据个体和群体矛盾的统一来决定淘汰，不单纯追求硕大的穗部性状。在实际工作中，我们还从实际出发，打破了过去遗传选种学上一般认为杂种第一代不需要进行选择，第一代不出现早熟性，以后便不会出现早熟性等論断，根据在选育"广場矮"、"江南矮"、"二九矮"等品种过程中第一代出现不同程度的多样性，第二、三代甚至第六、七代仍出现早熟性的大量事实，实行在第一代即对表现不好的单株式组合进行淘汰，对第二代以后出现的早熟性状也进行选择，如"江矮早"品种就是从"江南矮"杂交组合的第二代中分离选出的。"早熟稻矮六"和"早熟二九矮"的早熟性，就是从较高代数的材料中出现的。另外，在选择过程中，我们还根据全省对品种要求的统一性和各地区要求的多样性，灵活掌握选种目标，注意选择在形态、生理上多种多样的生态类型。如我们在"广場矮"同一个品种中，就选择了适于耐肥高产的"广矮6号"、"3784号"、"4128号"等品系，适于省肥高产的"4287"等品系，和比较适宜"翻秋"栽培的"849"等品系。

（3）打破"五圃制"的旧框框，精简育种程序，对特殊优异的材料实行越級提升。

（4）采用早稻"翻秋"、晚稻"翻春"（利用暗室或黑塑料薄膜遮光"翻春"，和拿到海南島利用当地冬春气候温暖、短日照条件露地"翻冬春"）和冬季温室培育法加快代数，变过去一年一代为二代、三代，加速杂种性状的稳定。在"翻秋"、"翻春"时，为了减少杂种在异常的栽培条件下个别性状不易巩固的缺点，实行对一部分材料采用"半分法"和隔代"翻春"、"翻秋"和相应的选择方法使既能收到縮短育种年限的效果，又利于杂种性状的积累和巩固。

（5）利用分株无性繁殖法和"翻春"、"翻秋"、温室培育等办法加速种子繁育。1960年本院用典型晚稻"鸭仔矮"一粒种子，于1月21日播种，采用盆栽加速分蘖法，至6月先后收获2392粒种子，以后又继續用分批青苗、假植、剝蘖分株的办法，于当年11月共收获干谷608.5斤，一年之内，一粒种子的繁殖系数高达1200多万倍。

本院以前育成的高秆中熟品种"广場13号"，从解放前开始杂交，到1953年育成，前后花了九年时间，而我们采用以上方法的结果，育成"广場矮"品种只用了四年时间，而"广秋矮"、"广二矮"的育成，只用了三年时间。

4. 选育种工作必须走群众路綫，实行专业研究机构与农民群众相結合，试驗、鑑定、繁育、示范推广相结合，大搞群众性的科学实驗运动。

1958年以来，我们在全省选择代表不同类型地区的人民公社或良种場建立了三十多个试驗基点，根据选育种工作的特点，我们对这些基点采取了联系基点的形式，每年每造把在院内育成的新品种，按照不同类型地区的需要发到这些基点种植。对技术力量较强的基点，我们还发给一部分性状已趋于稳定但还有少数分离的新品系，指导他们拟订計划进行试驗鑑定，到抽穗后进行选种的关键时节，組織研究人员巡迴下到基点指导工作，这些基点拿到新品种后，一般都进行了下列四项工作：

（1）鑑定新品种的地区适应性和生产力。各基点拿到新品种后都与当地品种进行产量对比试驗，鑑定其生产力，从而确定新品种在当地的生产推广价值，并且比较出同一品种中推广那个品系好，做到因地制宜推广品种。(2) 继續选种，进行优中选优。(3) 加速繁育。由于我们发给各基点的种子数量都很少，他們一經种植成功，就想尽一切办法加速繁育，从而大大加速了良种的推广速度。(4) 示范推广。新品种首先在这些基点的推广种植，使他們都成为当地推广良种的示范样板，和繁育良种的基地。

几年的实践，使我們深刻地体会到，实行科研机关的专业試驗与群众性的科学实验运动相结合，确实是加速育成和推广新品种的一条多快好省的途徑；这样的作法有許多好处。第一，可以使科研机关的新品种鑑定同时在更广泛更复杂的地区进行，这样比只依靠少数科研单位进行"区域試驗"具有更广泛的代表性，并取得多点试驗的資料，便于对新品种的推广价值及早作出肯定的評价，使新品种更快与生产見面；第二，可以比"区域試驗"参加更多的新品种新品系进行試驗，以及对已趋稳定但还有少数性状分离的品种进行"优中选优"，使各地区能有更多机会鑑定和选出适宜本地栽培的新品系，同时科研机关也可以减輕选种鑑定工作量，便于腾出力量进行新的育种工作；第三，通过群众自己鑑定的良种，能够不推自广，更可以充分利用群众的力量加速繁育，大大加快新品种的推广速度。群众在繁育过程中，还創造了許多土法遮光、分株繁殖的經驗，反过来又丰富和促进了科学研究；第四，群众可以通过亲手栽培，逐漸熟悉新品种的脾性，摸索适宜当地条件的栽培技术。例如阳江县崗列公社和海陵島的农民，在試种"广場矮"的过程中，創造了鏟秧密植和多施秧头肥的办法，使"广場矮"在較瘦田类种植，也获得高产；第五，使科研机关与农业生产实践密切结合，广泛地及时地了解生产上对品种的需要，正确制定选育新品种的目标，更好地为当前生产服务等等。

三

我省的水稻矮化育种工作虽然取得了不少成績，但是，还存在不少問題。主要是：目前全省早造的良种已基本解决，但晚造的矮秆良种尚未很好解决；早造良种中，中迟熟的良种解决得較好，早熟高产的良种还解决得不够理想。全省无論从早造和晚造来看，抗病高产的良种尚未解决，在台风雨的情况下，每年都有不少稻田发生白叶枯，对生产造成威胁，全省良种的选育和提純复壮工作结合不紧，尚缺乏一套健全的良种繁育推广制度；几年来选育的新品种不少，但是对选育种的經驗尚未很好地进行系統的总结，选育种理論和方法的研究沒有跟上来；全省农业科研机关和农民育种家的选育种力量沒有统一組織起来，形成全省的良种选育网，等等。近年来在省委提出大种綠肥的指示以后，全省的冬、夏季綠肥得到迅速的发展，目前全省各地正向着"两禾两肥"的耕作制度发展。肥料水平提高后，要求培育更加耐肥高产的品种。尤其近年来，长江以南各省引种"农垦58号"获得大面积千斤高产以后，我省的晚稻矮种更相对显得落后了。我們决心坚持不断革命的精神，迎头赶上，在第三个五年計划内，我省水稻选育种工作的主要方向和任务是：

1. 集中力量解决晚稻矮秆良种，特别是早、晚稻抗病高产良种。
2. 繼續选育早、晚稻早熟高产良种。
3. 选育高产更高产、稳产千斤以上的良种。
4. 随着生产的不断发展选育高产优质的品种，并随着农业"四化"的发展选育适于机械耕作的品种。
5. 选育新良种与提純复壮良种紧密结合，进一步健全全省的良种繁育推广制度。

6．实行农业科研机关与农民育种家相结合，把全省的选育种力量統一組織起来，建立全省的良种选育网。

7．加强选育种理論和方法的研究。

8．加强新育成种种性及其栽培特点的研究。

本文原载于《广东农业科学》，1980（1）：5-13

水稻杂交育种"组群筛选法"之研究*

广东省农科院　黄耀祥

良种是大田作物获得高产的内在因素，一切增产技术措施都要通过它发挥作用。因此，多快好省地选育出适应农业生产迅速增长的新的良种，实为当务之急。

目前，在水稻杂交育种工作上，国内外广泛应用的选择方法仍以"系谱法"、"混合法"和"集团法"为主。此外，还有"单粒种籽法"、"进化育种法"和"派生系统法"等等，都是要求最快能在 F_5 到 F_8 获得遗传性基本稳定的新类型，而在育种进程上都是比较缓慢的。

由于自花授粉植物的杂种，通过自交，会促使遗传性状发生分离，并随着自交世代的增加，杂种群体内的纯合子将不断递增，杂合子则不断减少。一般来说，自花授粉植物杂种繁育到 F_8，就不难得到遗传性状基本稳定的个体。当代国际上普遍推行的各种缩短育种年限，加速育种进程的措施，也是以这个论证为依据而规划的。但是，所有这种种方法，都不外是以促进杂种的世代出发，使杂种材料比过去一年仅种植一次的做法，提早进入高代选择阶段。

为了进一步加速育种进程，提高选育种效果，我们根据杂种后代遗传基因独立分离自由重组原理和大数法则以及个体发育原理等等，设计一个以组群筛选为主体，辅之以其他相应技术措施的育种方法，进行探索性研究，以期在 F_3 选出遗传性基本稳定的类型。由1977年晚造起，经过两年四造选育种实践的检验，初步肯定了它的效果。

一、依　据

"组群筛选法"是根据杂种后代遗传基因独立分离和自由重组规律，提出的对自花授粉作物杂交后代的培育选择方法。

按照统计学机率论法则的推算，基因分离重组在 F_2 的遗传关系如下表：

基因之对数	F_1配偶子之种类	F_2因子型比例单位总数	F_2表型数目及固定之数	F_2因子型数目	F_2固定之新种数	F_2表型比例
3	$2^3=8$	$(2^3)^2=64$	$2^3=8$	$3^3=27$	$2^3-2=6$	27:9:9:9:3:3:3:1
n	$2n$	$(2n)^2=4n$	2^n	3^n	2^n-2	$(3:1)^n$

以三性杂种为例，F_1 可产生的配偶子共有 $2^n=2^3=8$ 类，因而在 F_2 可分离出 $4^n=4^3=64$ 个因子型比例单位，但只有 $2^n=2^3=8$ 种不同的表型（其比例为 27:9:9:9:3:3:3:1）和 $3^n=3^3=27$ 种不同的因子型，而这些不同的因子型中有 8 种的遗传性已基本稳定。

从下面基因分离重组关系图表看到，8 种不同的表型，各占一个组列，每一组列的第一个，属于纯合子，其他都是杂合子，就是说，

---

* 参加本试验的尚有陈金灿、刘丽娟、陈顺佳、林健良等同志。

三性杂种第二代的分离群体中，可以产生 8 个纯合子（$2^3 = 8$）也就是可以产生 8 个遗传性基本稳定的个体，其中有 $2^3 - 2$ 即 6 个遗传性已基本稳定的新类型。此外，还有（$2^3 - 2$）× 4 即 24 种是遗传性趋于稳定的单性集合体。

AABBCC	AABBcc	AAbbCC	aaBBCC
AABBCc	AABbcc	AAbbCc	aaBBCc
AABbCC	AaBBcc	AabbCC	aaBbCC
AaBBCC	Aabbcc	AabbCc	aaBbCc
AABbCc			
AaBBCc			
AaBbCC			
AaBbCc			

AAbbcc	aaBBcc	aabbCC	aabbcc
Aabbcc	aaBbcc	aabbCc	

由此可见，根据亲本性状优劣互补的原则来选配亲本，在 F_2 就有可能出现符合选种目的的类型。但事实是，要在 F_2 的杂种群体中选出那些遗传性已基本稳定的或趋于稳定的类型，是不容易的。这主要是因为这些规律性现象是受着基因分离重组规律和大数法则的支配。要获得低代稳定的预期效果，F_2 的群体要大，并要尽量把那些具有综合优良性状的个体全部选拔出来。

根据水稻杂交育种品种间杂交的亲本选配原则，要认真掌握好的杂合基因，少的 5—7 对，多的也不过 10 对内外，若以 5 对等位杂合基因为例，则在（2^n）^{2} =（2^5）^{2} =（32）^{2} = 1024 个变员的群体中，可以出现（$2^n - 2$）= 32 - 2 = 30 个遗传性基本稳定的新类型，此外，还有（$2^n - 2$）× 4 = 120 个属于这些类型的趋于稳定的个体。

若以 10 对等位杂合基因为例，则在有（2^n）^{2} =（2^{10}）^{2} = 1024^2 = 1048576 个变员的群体中，可能出现（$2^n - 2$）= 1024 - 2 = 1022 个遗传性已基本稳定的新类型。此外还有（$2^n - 2$）× 4 = 1022 × 4 = 4088 个属于这些类型的遗传性趋于稳定的个体。

基于上述，可见杂合基因愈多，种植的群体应愈大，选择的个体也应愈多，才易于在 F_2 选出遗传性基本稳定的理想类型，并于 F_3 把它们筛选出来。

杂交育种的实践表明，一个杂交组合，能否从中选出预期的优异类型，主要决定于 F_1 的性状组配型和 F_2 性状重组的表现，而 F_1 的性状组配型可于 F_2 重新出现，F_2 的性状重组方式又大体上决定着变异类型的范围。因此，在 F_1 进行组合筛选，以决定群体筛选对象（组合），然后在 F_2 的决选组合中进行个体选择，是十分重要的。故"组群筛选"，实质上指的是"组合筛选"与"群体筛选"相结合运用的选育种方法。

二、实 验 设 计

1. 亲本选配

亲本选配是杂交育种工作的重要环节。一般来说，我们强调"从丰产稳产性能出发，优良株型入手，性状互补为指导，超亲变异作辅佐"。为了丰富杂种的遗传基础，扩大后代的变异幅度，多采用不同"生态型"的品种间杂交、多交或复合杂交，考虑到细胞质遗传关系，正交与反交，常同时进行。

一对亲本的特性特征，由于遗传力等种种关系，它们在杂交后代中的综合表现，常与所预期的不相一致，必要通过实践，在 F_1 和 F_2 加以最后的检证。因此杂交组合的配制要比较多，以利进行组合的筛选工作。

2. 组群筛选

组群筛选工作的第一步，是在 F_1 进行严格的组合筛选，从比较多的组合中，根据其表现，选定作为下一代（F_2）进行第二次组合筛选的预选组合，在 F_2 再根据各个预选组合的综合表现，最后筛选出一至几个比较突出的组合，从中进行大量株选。其数目，每一组合群体，

由3000至7000株,视材料的表现和试验条件如何而定。一般每个筛选组合的 F_2 要求插植10000—20000株,采用 $\frac{5+10}{2}\times 4$(或5寸)二列式插植方式,成熟期间每2—4株筛选一株(取一穗),提供下一代进行穗系鉴定选择。

3. F_3 田间试验规划

一般做法是,采用 $\frac{5+10}{2}\times 4$ 的二列式插植方式,按每个穗系穗播育苗,插一孖行(即二列),每行5科,每穗系10科,单本植,每区列插穗系多少,因田块大小和形状而定,区列间距离4寸(区列间株距8寸),每隔4个区列将其距离扩大到12寸(区列间株距为16寸)作为工作行。这样,一亩试验地,可以插植1700多个穗系。

在 F_3 则以株高、株型、叶形、叶色、抽穗期和穗型、粒形等为主,其他性状为辅,首先把遗传性基本稳定和趋于稳定的穗系鉴定出来,然后按照选种目标,筛选出优良的穗系,并从中进行优中选优。此外,并从综合性状表现突出而遗传性尚未稳定的穗系中,进行穗选,供下一代鉴定选择。

4. F_4 生产力测定

从 F_3 选出的优良穗系进行生产力测定,以及地区适应性和抗性鉴定。

三、实验结果

从1977年晚造开始至1979年晚造共3年5造,分别在本院及课题协作基点(罗定县良种场、番禺县农科所、花县花东公社农科站、南海县盐步公社农科站和番禺县大石公社农科站等)对17个杂交组合次,结合选育新品种进行组群筛选法研究。现将试验结果初步整理如下。

对部分组合 F_3 的穗行进行调查鉴定结果(表1),其中稳定的穗行占3.89—2.5%,但稳定而且性状优良的穗行数,组合之间差异明显,多的占总穗行的0.58%,一般占0.2—0.1%,也有没入选的组合。

表1 部份组合 F_3 稳定穗行及入选穗行调查 1978年晚造

组合	穗行总数	官能鉴定占总行数	占总数 %	经鉴定入选优良穗行数	占总数 %
桂阳矮C17×桂朝3	971	27	2.27	4	0.41
桂阳矮C17×桂朝2	1076	31	2.88	3	0.28
矮塘竹×岩革晚	1183	30	2.5	—*	—
矮丛3×桂朝2	514	20	3.89	3	0.58

*只选单株

在1978年晚造,分别对由"丛3×桂朝2"组合中经过官能鉴定入选的7个穗行,以及"桂阳矮C17×桂朝2"组合中经过官能鉴定入选的3个穗行的一些影响产量的主要性状,以母本为对照进行差异显著性分析,并分别对各个性状的变异系数进行比较(若穗行的某一性状的变异系数等于或小于对照的,就认为整个穗行的某一性状是稳定的;若变异系数大于对照的,则按性状分别与对照进行标准差差异显著度测定)。测定结果,各入选穗行的株高、穗数、穗长的差异都不显著;总粒数方面,第21穗行差异显著,其它穗行差异不显著;结实率方面,第1583及第1417穗行差异显著,其它穗行差异不显著;千粒重方面,除第1357、第203、第21和第54穗行差异不显著外,其余穗行差异显著,详见表2。总的来看,第1357、第203和第54穗行各性状均差异不显著。这更可证明,在 F_3 可以选出稳定程度更高而且表现优良的穗系。此外,1978年晚造,将从"丰科3×大粒科六"组合 F_3 的127个穗行中选取的5个既稳定而且丰产性能较好的穗行,在 F_4 结合官能鉴定以测定各株系间性状差异的显著程度,检验 F_3 入选穗行稳定程度的可靠性。用随机区组3次重复设计分析方法,每一重复小区随机取样5株(除去病虫为害株),

附录1　黄耀祥部分重要论文
Appendices 1　Some important papers published by Huang Yaoxiang

表2　各穗行品系主要性状标准差异显著度测定

区号	组合	株高 平均数	株高 标准差	株高 变异系数	株高 标准差异显著度	穗数 平均数	穗数 标准差	穗数 变异系数	穗数 标准差异显著度	穗长 平均数	穗长 标准差	穗长 变异系数	穗长 标准差异显著度	总粒数 平均数	总粒数 标准差	总粒数 变异系数	总粒数 标准差异显著度	结实率 平均数	结实率 标准差	结实率 变异系数	结实率 标准差异显著度	千粒重 平均数	千粒重 标准差	千粒重 变异系数	千粒重 标准差异显著度
对照	矮丛3	65.5	3.14	4.79		8.1	1.66	20.49		15.8	0.69	3.51		97.6	16.23	16.63		72.6	3.73	5.14		23.1	0.3	1.3	
1423	矮丛3×桂朝2	88.9	3.5	3.94	0.31	6.9	1.4	20.29		19.1	0.93	4.86	0.98	142.1	17.94	12.63		72.8	5.18	7.11	1.12	25.4	0.71	2.8	2.7*
1357	〃	86.9	2.8	3.22		7.5	1.43	19.06		20.6	1.06	5.14	1.43	144.2	11.18	7.75		68.9	5.18	7.52	1.12	22.6	0.35	1.33	0.6
1583	〃	83.7	2.58	3.09		5.8	1.48	25.45		18.4	0.58	3.17		154.9	12.14	7.84		48.7	10.42	21.4	3.13*	21.8	1.09	4.35	3.6*
1371	〃	84.3	2.45	2.9		5.2	1.43	27.5		18.92	0.81	4.25	0.49	150.5	17.65	11.7	0.29	69.6	6.18	8.9	1.17	23.5	0.89	3.82	2.3*
1417	〃	85.9	5.3	6.17	1.77	8.7	2.95	33.9	1.93	18.5	1.24	6.7	1.246	132.3	24.65	13.63		69.6	10.39	14.89	3.12*	25.4	0.64	2.52	2.4*
1298	〃	80.7	2.04	2.53		8.7	1.77	22.99	0.22	18.8	0.68	3.61		149.3	15.02	10.06		73.5	4.74	6.55	0.82	23.9	0.9	3.66	3.39
1449	〃	81.4	3.09	3.8		7.3	1.16	15.89		17.9	0.88	4.89		132.8	16.58	12.89		71.8	7.16	9.4	0.63	24.0	0.99	4.11	3.47
对照	桂朝2	94.0	3.07	3.27		7.3	0.62	8.5		20.8	0.69	3.42		159.4	12.89	9.84		55.1	7.49	9.96		26.0	0.55	2.11	
对照	桂阳矮C17																								
203	桂阳矮C17×桂朝2	120.4	3.68	4.28	0.62	6.6	1.96	29.8		21.3	0.75	3.02		145.6	17.0	11.6		66.7	7.51	13.6		24.0	1.27	1.45	
21	〃	80.2	3.49	4.3	0.44	6.3	2.49	39.6		21.8	1.08	4.43	1.91	170.1	21.47	12.62		66.7	7.63	12.96	2.53	24.1	1.06	1.4	
54	〃	77.5	3.44	4.4	0.39	5.9	1.29	21.86		20.1	1.03	5.14	1.98	143.9	17.6	12.3		73.2	5.63	8.98		22.6	0.32	1.47	

存全收穗行均以母本为对照　　*标准差异显著度超过2为差异显著。

109

分别考查株高、穗长、总粒数和千粒重等性状。测定结果，F值低于5%水准，小区之间性状差异不显著，这说明F_3入选的穗行是稳定的（表3、4、5、6）。

两年多来我们运用"组群筛选法"于水稻选育种实践，已取得初步成果，如从"丰科3×大粒科六"一组合选出的"双科341"和"双科342"，于1979年早造参加中熟种生产力测定，亩产分别为995.9斤和981.2斤，比对照种"青二矮1号"亩产911.0斤增产8.65%和7.7%。该二品种苗期抗寒性强，叶直色翠绿，穗大粒重，千粒重达28—29克。此外，从"桂阳矮C_{17}"×"桂朝2号"一组合选出早中熟种"双桂1号"和生势健旺、秆较矮、叶窄色翠的"双桂210"，又从"丛3"×"桂朝2"一组合，选出几个株型好，而各具特点的新品系，如叶窄色翠的"丛桂69"、穗头较大的"丛桂35"、剑叶短直，叶色翠绿的"丛桂79"、综合性状较好的"丛桂6号"、比较耐肥的"丛桂13"、秆色淡的"丛桂2号"和表现一般的"丛桂5号"等，均于1979年晚造参加生产力测定。

四、问题讨论

（一）"组群筛选法"的设计思想

早在五十年代，我们在"新兴白"×"南特16号"的F_3试圃中，发现了遗传性状基本稳定的系统。经过鉴定，它并非属于混入其他品种。这一事实，启发我们，有意识地使这个低代稳定的偶然现象，在人为创造的适当条件下，能够有规律地重现，这对促进水稻选育种工作的进程是很有作用的。

"组群筛选法"的主要理论根据是基因独立分离和自由重组规律。而植物有机体的遗传及其变异现象，是错综复杂的，基因独立分离自由重组规律及它所揭示出来的遗传方式，仅反映出性状遗传变异中最简单的数理关系，同时它又是基于统计学上的机率论推算出来的，因而它只是反映遗传关系上的一般趋势。要完整地体现它，是有条件的，例如：杂交的亲本都是纯合的二倍体，不存在细胞质遗传现象；一个基因一个性状，每对性状只受一对基因所控制，相对基因具有完全显性的作用；相对性状的分离和配合，不受其他性状所牵连；不存在多重受精或选择受精作用，两亲间的遗传传递力无显著差异；没有出现基因突变或基因由量变到质变的过渡现象；杂种群体要相当大等等。然而在遗传学发展突飞猛进的今天，我们应该如何看待这个规律，是值得认真探讨的。

从遗传的潜力来说，植物细胞是全能的，它们具备完整的遗传信息，我们认为，细胞核和细胞质是细胞内部矛盾对立统一的两个方面，而有机体的遗传特性，主要地是由矛盾的主要方面细胞核所决定。而核内的染色体则是遗传物质的主要载体，每一相对性状主要地是由位于染色体相对位点上的一对等位基因所控制。据此可以说，基因独立分离自由重组的统计学规律性，对于杂交育种科学实验来说，还是富有一般指导意义的。当然，在上述条件变化情况下，遗传关系就会随着复杂起来，但这也不能排除这一基本规律对进一步深入研究的指导作用。在杂交育种实践上，以它为基础，运用近代遗传学上的新成就，对具体情况进行具体分析，以探察某些特殊遗传现象所以产生的原因，从而制定有针对性的杂种培育选择措施。

就杂交育种来说，所涉及的相对性状愈多，在F_2要获得纯合体的机率愈小。但在实际工作中，育种家主要是凭官能鉴定以判断选种材料的纯杂度的，要求的不过是一些主要性状的基本一致，对其它次要性状，不会也不可能过于苛求。严格地说，一般通过系统选择在6—7代就育成的新品种，都不会是很纯的，实际上只是一个比较纯的纯杂混合型群体。我们所指的在F_3就基本稳定的系统，从原则上讲是统属这个范畴。

育种工作的最终目的在于获得优良基因互

相补配的纯合个体。怎样对待千变万化的杂种群体呢？"组群筛选法"的做法是：在F_2的庞大群体中，只要是性状组配比较好的表现型，原则上要求一个不遗漏地把它选择出来，提供在F_3进行系统筛选，以期从中获得遗传性基本稳定或是趋于稳定的，也即是纯合的或基本纯合的优良个体群，并结合进行优中选优、定向选择。

由于"组群筛选法"采用了与一般不同的对选种材料的处理方法；为在F_3最有利于识别选种材料的优劣和稳定程度的时刻，提供了由F_2筛选出来的许多系统群，这就是可能获得显性基因互补的超亲类型而把杂种优势固定下来，更因为"组群筛选法"在进行组合筛选时，特别强调对那些优良基因组配比较好的优势组合的选拔，也为这个可能性的实现，打下了有利的基础。

近年来，分子生物学蓬勃发展，基因的研究，不断取得新的突破。"跳跃基因"、"重迭基因"和"不连续的结构基因"等的发现，明显地揭示了遗传学上早期基因概念的局限性。然而应该指出，基因独立分离与自由重组规律，不会因此就被否定，它固然受着干扰，但仍在起作用的。

（二）对"组群筛选法"的评价

要正确衡量"组群筛选法"在杂交育种科学实验上的价值，得先对几种常用选种方法加以剖析。

"系谱法"，是从杂种的分离世代开始，系统相传，连续地进行多代的单株选择，把遗传性基本稳定的优良系统评选出来。其优点是世代演进，系谱分明，利于进行定向选择。实践证明，一般受少数基因控制的质的或接近质的性状，从杂种的低代开始，采用系谱法进行选择，效果比较明显，特别是以隐性性状，如矮秆作为育种目标时，早期世代的选择效果是显著的。又如与高产稳产性能有密切关系的性状，如株型以及某些抗病性等遗传力大的性状，在低代把它们检选出来，也是可靠的。但是，由于系谱法在杂种的早期世代就进行选择，而那些遗传性杂合程度较高的个体，一般表现会较突出，故所选出的个体往往具有杂种优势，这就容易造成选择上的误差。又那些由微效多基因控制的数量性状，受坏条件的影响变异较大，而群体内各个体所处的环境条件不会尽同，从而干扰了选择的准确性，特别是在个体选择数量不多的情况下，更会导致良好基因型的漏选。

"混合法"，自F_2至$F_5(F_6)$不进行选择，只按组合收获，继续进行混合栽培，到F_6—F_7群体内遗传性基本稳定的单株比率增大以后才采用系统选择法。本法比较适用于受微效多基因控制的数量性状的育种目标，它可以节省人力和物力，减少优良基因落选的弊病和杂种优势所导致的选择误差，并可提高优良基因累积的频率，以实现综合性的选育种目标。但混合栽培的杂种群体，因不断经受自然淘汰的结果，那些竞争能力弱的基因型将逐渐减少或被淘汰，那些不适于具体栽培环境条件的目标性状的发展会受到限制，那些不易出现的突变基因，在多代混栽的操作过程中，更加易遭遗漏，这一切都将会影响最后的选择效果。

"集团法"，从F_2至F_5，根据选择需要，按株型、株高、熟期、抗病性等或其他选种目标，组成若干个类型性集团，将属于各集团的，按既定育种目标选出来的个体的种籽混合起来，从F_6起则改用系统选择法进行选择。

作为杂交育种的综合性选种目标，实质上不外是量的性状和质的性状的组合。因此有针对性地采用集团选择法，以发挥混合法和系统法两者之长，是值得推荐的。举例说，如以某些隐性性状作为育种目标而采用混合法时，就有必要从低代起，结合采用类型性的集团选择法，把隐性性状的基因型选择出来，当比混合法远为优胜。但应该指出，集团选择法，在

每个世代,都把选择出来的个体混合起来,这就容易造成杂合体在数量上的优势,对于以育成纯合体为目的的自花受粉作物来说,则是不利的,而且集团法也难发挥定向选择的创造性作用。

"单粒种籽法",又叫"一粒传法",从F_2到F_5或F_6,所选择的每一个单株只播种一粒种子,以后则用系统选育法。其理论根据是:株与株的小穗间的遗传差异,大于株内小穗间的遗传差异,大大压缩每一入选株系的播种量就可以相应地选择许多优良株系,从而可用较少的人力物力,获得较大的选择效果。但由于入选的单株只播种一粒种籽,这势必将每一株系的本来是比较优良的基因型淘汰掉,而已选得的优良株系,亦大有失漏之危,更无从进行优中选优、定向选择工作。

下面谈谈我们对"组群筛选法"的看法。

1. 根据基因独立分离和自由重组规律推算,10对杂合基因的杂种,在F_2的群体内,遗传性状基本稳定的个体,其出现率应为:

$$\left(\frac{|2^n-1|}{2^n}\right)^m = \left(\frac{2-1}{2}\right)^m = \frac{1^m}{2^m} = \frac{1^{10}}{2^{10}}$$

$$= \frac{1}{1024}\left(约为\frac{1}{1000}\right)$$

但据我们的实验结果,遗传性状基本稳定的个体的出现律实际比这个数目高。这是因为田间选种主要是凭藉官能来鉴定的,"纯"的概念,不过是出穗期、株高、株型、叶型、叶色和穗形等若干个主要性状的相对稳定。何况就算是从10对杂合基因来推算,在F_2趋于稳定的类型(只有个别杂合基因的),它的出现率就更高,其数为$\left(\frac{2^n-1}{4^n}\right) \times 4 = \frac{4}{1024}$。此外也不能排除在特殊的自然条件下,会诱发孤雌生殖的出现。

据此,在杂交育种上,采用"组群筛选法"以期在F_3选出遗传性基本稳定的或趋于稳定的类型,不但在理论上,而且在实践上都是可行的。

2. 杂种F_2一般会分离出多种多样的表现型,其数为2^n,而且一个表现型则包含着杂合程度不同的性型,其中杂合程度较高的,杂种优势较强,表现也较突出,容易造成选择上的误差,导致优良基因型的漏选。为了解决这个问题,在应用"系谱法"时,适当增加个体的选择数,是有一定效果的。但因受着传统的观点和设计思想所束缚以及客观条件的限制,要在F_3大量地增加试验的系统数,是做不到的。而"组群筛选法"则不仅可以解决这个问题,并且还有较好的机会在F_3把遗传性基本稳定的或趋于稳定的个体群(系统)筛选出来。

3. "组群筛选法"把从F_2选出的大量材料分系种植,这就避免了"混合法"所导致的那些竞争能力低的基因型的自然淘汰,也不同于"混合法"的低代(F_2—F_5)混合,高代(F_6以上)才分系种植的做法。它在F_2进行大量的个体选择,到F_3时,那些基本稳定的或趋于稳定以及尚未稳定的优良系统出现的机率就显著较高。这样既利于加速育种过程,又利于定向选择,还可以避免"集团选择法"所造成的杂合体的数量优势,提高选育效果。

4. 由于"单粒种籽法"忽视了株内(指入选植株的子代个体间)特别是F_2株内的差异,较好的基因型势必被拚弃。而"组群筛选法"则既抓住了株间的差异又照顾到株内的差异,既可在低代(F_3)评选稳定类型,又可结合进行有效的定向选择。

5. 过去,因远缘杂交后代的分离程度大,或认为采用"混合法"的处理效果较好,但是在世代的演进过程中,由于性状在混合群体内的竞争力不同,竞争力弱的基因型会逐渐被自然选择所淘汰,从而影响以后的效果选择。在这种情况下,我们建议把"筛选法"与"一粒传法"结合运用。

表3　434（双科）株高试验资料整理

重复 小区	I	II	III	合计
1	97.5	95.2	98.5	291.2
2	97.0	98.1	96.7	291.8
3	97.6	100.8	104.5	302.9
4	100.1	99.4	99.5	299.0
5	102.4	98.8	101.4	302.6
6	101.6	99.6	101.5	302.7
7	100.8	99.4	99.2	299.4
8	98.2	97.2	97.2	292.6
9	99.5	98.4	95.1	293.0
10	97.4	96.8	100.9	295.1
11	96.6	99.6	96.5	292.7
12	94.6	99.5	97.4	291.5
13	101.2	96.8	93.4	291.4
14	100.6	98.4	97.4	296.4
15	100.8	100.8	100.4	302.0
16	102.0	98.2	99.4	299.6
17	100.8	95.6	95.8	292.2
18	98.8	100.8	98.6	298.2
19	98.4	98.4	93.8	290.6
20	100.2	96.2	99.0	295.4
合计	1986.1	1968.0	1966.2	5920.3

434（双科）株高性状变量分析表

变因	自由度	平方和	变量	F值
重复	n-1=2	12.09	6.04	
小区间	s-1=19	122.94	6.47	1.58
误差	2×19	155.56	4.09	
总和	59	290.59		

表4　434（双科）穗长性状试验资料整理

重复 穗行	I	II	III	合计
1	22.6	21.8	22.0	66.4
2	22.7	23.1	22.8	68.6
3	22.8	22.7	22.9	68.4
4	22.9	23.3	23.0	69.2
5	22.8	23.5	23.2	69.5
6	24.0	20.9	23.3	68.2
7	22.3	22.7	22.7	67.7
8	22.9	22.0	22.9	67.8
9	22.6	21.7	21.5	65.8
10	22.7	21.7	21.8	66.2
11	21.9	24.0	21.6	67.5
12	21.7	23.4	20.6	65.7
13	22.6	22.6	22.3	67.5
14	22.9	22.8	22.4	68.1
15	23.0	23.2	22.2	68.4
16	23.7	22.2	22.8	67.7
17	22.2	22.8	21.6	66.6
18	23.0	22.5	22.1	67.6
19	22.9	22.5	21.8	67.2
20	22.6	23.1	22.6	68.3
合计	453.8	452.5	446.1	1352.4

434（双科）穗长性状变量分析表

变因	自由度	平方和	变量	F值
重复	n-1=2	1.70	0.85	
小区间	s-1=19	7.01	0.369	0.55
误差	2×19	25.59	0.673	
总和	59	34.30		

表5 434（双科）总粒数性状试验资料整理

重复 穗行	Ⅰ	Ⅱ	Ⅲ	合计
1	124.6	141.4	120.5	386.5
2	138.8	128.3	128.9	396.0
3	135.6	129.1	129.4	394.1
4	127.5	148.1	128.0	403.6
5	140.4	110.1	141.9	392.4
6	140.7	140.2	117.3	398.2
7	125.7	132.2	138.2	396.1
8	141.4	129.0	133.9	404.3
9	126	130.4	130.0	386.4
10	130.5	127.7	121.5	379.7
11	137	129.1	124.6	390.7
12	116.5	133.8	133.6	383.9
13	119.6	135.0	124.4	379.0
14	134	141.5	123.7	399.2
15	140.2	135.1	121.8	397.1
16	133.1	123.1	136.1	392.3
17	129.3	126.1	124.8	380.4
18	141.0	128.6	119.1	388.7
19	134.1	132.4	130.5	397.0
20	129.1	147.2	133.3	409.6
合计	2645.1	2648.6	2561.5	7855.2

434（双科）各穗行小区总粒数变量分析表

变因	自由度	平方和	变量	F值
重复	$n-1=2$	243.2	121.6	
小区间	$s-1=19$	452.57	23.8	0.32
误差	2×19	2857.27	75.2	
总和	59	3553.04		

表6 434（双科）千粒重性状试验资料整理

重复 穗行	Ⅰ	Ⅱ	Ⅲ	合计
1	29.3	29.1	28.8	87.2
2	28.9	29.1	29.0	87.0
3	28.5	28.7	28.7	85.9
4	28.2	28.6	29.0	85.8
5	28.4	29.0	28.7	86.1
6	28.5	28.5	28.4	85.4
7	28.4	28.4	29.2	86.0
8	28.4	28.4	28.3	85.1
9	28.8	28.6	28.5	85.9
10	28.6	28.7	28.8	86.1
11	28.6	28.6	28.7	85.9
12	28.7	28.4	29.6	86.7
13	28.3	28.5	28.7	85.5
14	28.7	28.8	29.4	86.9
15	28.5	28.3	28.6	85.4
16	28.4	28.2	29.0	85.6
17	28.7	29.6	29.1	87.4
18	28.9	28.6	28.7	86.2
19	28.7	28.7	28.6	86.0
20	28.9	29.0	28.6	86.5
合计	572.4	573.8	576.4	1722.6

434（双科）千粒重性状变量分析表

变因	自由度	平方和	变量	F值
重复	$n-1=2$	0.41	0.20	
小区间	$s-1=19$	2.55	0.134	1.76
误差	2×19	2.87	0.076	
总和	59	5.83		

△查F表自由度分别等于19及38时，P＝5％水准，F值＝1.85。
上述四种性状F值均少于1.85，所以小区间差异不显著。

本文原载于《广东农业科学》，1983（1）：1-6

水 稻 丛 化 育 种

广东省农科院水稻所

黄耀祥　陈顺佳　陈金灿　林建良
张俊英　刘丽娟　罗　林　连兆铨

我国水稻矮化育种工作自五十年代取得突破后，至今已20多年了，育种水平不断提高。多年来，我们从事丛化育种的研究，亦已获得初步成果，育成一些新的高产品种类型，在生产上应用推广，经济效益显著。现就丛化育种的理论和实践作一些探讨。

一、新品种模式的设想及其依据

农作物的干物质有90—95%是由光合作用初次合成的有机物质构成的。栽植密度适当的水稻群体，由于其单位面积内营养器官的增加（包括总叶数的增加和相应叶面积的增加）而能充分利用地力，更好地发挥同化器官的光合作用，从而制造和积累更多的营养物质，当群体的密度未超出或未显著超出合理的范围时，则在其他综合栽培措施的配合之下，可获得有效穗数较多和穗子较重的效果。这是因为，在良好的灌溉和养分供应条件下，单位叶面积光合作用的轻度减弱，可由光合作用器官面积的增加及其工作条件的改善所抵偿而有余。因此，我们认为，在认真贯彻农业"八字宪法"过程中，选用优良品种，实行合理密植，是获得高产的重要前提。

生产实践证明，广东省特定的水稻栽培环境条件，正迫切要求品种的特征、特性等方面要与其栽培环境条件相适应。广东省位于祖国的最南端，地处热带和亚热带，年中5—11月间，台风暴雨频繁，高秆水稻品种往往因遭受台风暴雨袭击而招致倒伏减产，更因广东省气候高温多湿，昼夜温差较小，在水足肥丰的条件下，禾科易致过度稠密而相互遮荫，光合作用和生长条件跟着恶化。这样光合作用产物在一昼夜之间消耗于呼吸作用的数量就显著增加，营养器官和生殖器官的生长发育，也不可避免地遭受一定的不良影响，而营养器官的衰退，也将导致光合作用强度的相应减弱。在这种田间小气候条件下，病虫害便容易发生，其结果是有效穗数和每穗充实粒数难以达到较高水平。

所有以上情况，决定了在华南地区，特别是广东省，理想的水稻品种，首先应该具有以下的特性、特征：（1）耐肥抗倒伏，（2）较耐密，具有高效穗数的生产性能，（3）全部叶片所吸收的日光辐射能量较多，形成生产率和谷秆比率较高的作物群体，在多穗数的基础上向高穗重发展。

针对当前情况来说，如何解决大田生产中水稻群体所存在的多穗数和高穗重的矛盾，是我们农业科学工作者的迫切而艰巨的任务。

根据对水稻品种的发根、分蘖和拔节伸长等特性、特征综合配置型式的观察，笔者认为，现有的一般水稻品种，可概括分为矮秆和高秆两大类型，或更细分为若干亚类：（1）典型的高秆品种，一般叶片比较长弯，穗头较大，在较密的群体生态条件下，穗数达到稍高水平，其平均穗粒数即显著减少，在较高肥力栽培条件下，容易倒伏减产；（2）典型的矮秆品种，一般叶片比较短直，在较密的群体生态条件下，穗数达到较高水平，其平均穗粒数还未显著减少，在较高肥力栽培条件下，比较容易得到高产稳产；（3）典型的丛生类型（地毯型），则是矮秆类型的另一种，一般分蘖特别

1

旺盛，但穗型小，难以达到高产要求；(4) 丛生快长类型，则为丛生类型的一种。这种类型生育前期分蘖旺盛，特别矮生，但拔节后则伸长较快，这是在其系统发育过程中所形成的遗传特性，从生理生态学角度来看，这又是与其个体发育过程中营养物质的形成与运转利用的物质平衡有关。这类型在正常分蘖期间，因为叶片伸长较慢，这对于营养物质能够较多地供应蘖芽的成长是有利的。当它进入幼穗分化期前后，假如长粗长高较快，正如所见到的一些丛生类型和初步育成的"朝阳矮"(十三号)、"向阳矮"、"龙阳矮"和"桂阳矮"等丛生快长类型所预示的那样是可分化、孕育较大较重的谷穗，从而使多穗数和高穗重这对矛盾在较高的水平上统一起来。

根据调查观察，初步认为，一些丛生快长类型尽管前期长得较矮，但后来竟能赶上一般矮秆或中矮秆的长粗长高水平，在比较密的群体生态条件下，获得较多的穗数和较高的穗重，这可能是与其群体所感受的光照条件能够相对地满足其遗传特性的要求密切相关。与一般矮秆品种比较，从移植到分化拔节这一发育阶段，该类型的叶层虽较密接，但其科高仅及矮秆的六、七成左右。因此，在两者的株型结构都是相对地比较利于透光的前提下，丛生快长类型对光能的利用有其独特的优点：在合理密植的群体内部，丛生快长类型的光强梯度不如一般矮秆或中矮秆类型那么明显，直射光及散射光有着较多的机会进入群体之内，那些见光较少的中、下层叶片可以比较顺利地进行光合作用，单位叶面积的光容量较高，有利于营养物质的生成、积累和运转（图1）。还要指出的是，作物群体叶层里空气经常保持着适当浓度的二氧化碳，这是提高光合作用和生产率

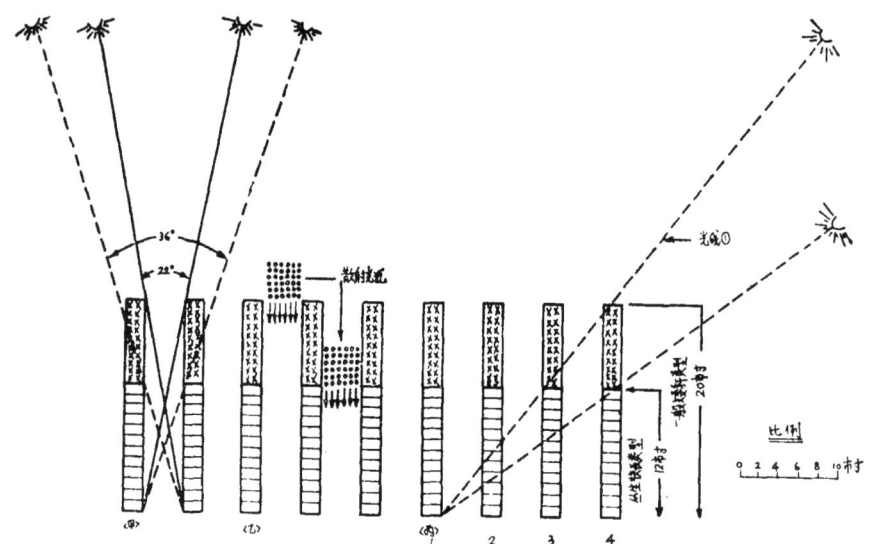

图1 营养生长期间，丛生快长类型和一般矮秆类型群体内部中下层的光照状况（规格：6×6寸）

注：(甲) 一般矮秆类型全科受到日照（指日光直射到稻科的基部）时间为丛生快长类型的62%左右（22°/36°＝0.62）。

(乙) 设科顶处为散射光源，以基部测量点计算，则一般矮秆类型基部接受散射光的照度仅及丛生快长类型的36%（假设丛生快长类型为S，一般矮秆类型为$1^2/3 S$，按光照公式$1/S^2$，则$1/(1^2/3)^2＝0.36$）。

(丙) 一般矮秆类型相互荫蔽程度比丛生快长类型较为严重，如图所示，当光线①入射时，对一般矮秆类型要透过株2、株3的间隙，才能照到株1的基部，对于丛生快长类型，则只需透过株2就可以了。

的重要前提，而叶层里空气的流动更换得好，就能达到这个目的，从这一点来说，丛生快长类型较矮的群体结构也是比较优越的。

从性状遗传方面来说，某些丛生快长类型有其独异的遗传特性，就如科高，其遗传性的变异性是相当大的，有一定的量变过程和质变阶段，而利于定向选育；从基因学说的角度来论断，考查丛生快长类型与高秆品种或一般矮秆品种配交后的分离现象，它很可能是受着多个补足基因所支配，因而在杂交后代中就出现了多种形式的等位矮性基因的随机配组，形成了独特的复杂的分离群体。如果确是这样，那就说明了为什么利用它们作为杂交亲本，会在特性特征上，特别是在科高和分蘖力方面出现了丰富多采的新类型。这一特点对我们杂交育种工作来说是值得重视的。

根据上面分析，可以认为，丛生快长矮秆或中矮秆新类型的选育——丛化育种，是今后选育更高产稳产品种的一个主要方向。这样说来，使丛生类型旺盛的分蘖能力与矮秆类型或半矮秆（中矮秆）类型较易分化孕育较大较重的谷穗这两个特点，凭借丛生快长（长粗长高）的生理机制而综合一起，是值得探讨的问题。

现初步设想，一个具有丛生快长特点的矮秆或中矮秆高产群体生态类型如下：

生长前期分蘖旺盛、丛生、矮生、满苗而少荫蔽、长相玲珑均整，为发展成为穗数多、穗头齐的类型打好物质基础；

拔节后，长粗长高快，为形成粒数多和粒重较重的矮秆（80—90厘米内外）重穗类型创造条件；

出穗成熟期间，保持着旺盛的光合势，茎叶转色好，营养物质转运顺调，经济系数高。

据此，综合性的选种目标是：以丛生快长的矮秆或中矮秆为主体，辅以耐密、耐肥、耐寒、抗倒、抗病和抗热等主要特性。具备根群发达、分蘖力强、茎秆坚韧、玲珑均整、集散度适中；叶片挺直、长宽适中、叶角开度较小、茎叶色泽鲜明、青翠、转色好；谷秆比高、穗头较大、谷粒明亮饱满、粒重较重、米质好、抗落粒和适应性强等优良性状。

最近，通过对丛生快长类型"桂阳矮"多个长相互异新品系的调查观察，认为要选育一个高产稳产的水稻丛生快长新类型，在选育种过程中，必须强调下述各个特点相互密切配合的重要性。

形态方面：

1．丛生：分蘖早、快、旺，为多穗数（30—40万）创造良好的物质基础；

2．快长：长粗、长高合时、合宜，茎态的变动以及分蘖、叶片的配置和消长多方协调，利于耐密、耐肥、抗倒，并由中穗重向高穗重发展（实粒60—100与千粒重23—30克适当配合）。

生理、生态方面：

1．根系发达，吸收功能强；

2．叶面积指数较大，净光合强度高；

3．营养物质合成，贮存性能好，运转顺调，分配适宜，总生物学产量高，谷秆比率大；

4．适应性和抗逆、抗病性较强。

二、科学实验十五年

"双桂"是新育成的第一个受群众欢迎的丛生快长新类型。3年中间试验证明，其丰产稳产性能确比"桂朝2号"优胜。本品种根群发达，分蘖力强，秆矮，茎态玲珑；叶片短直、配置好，色较浓，较耐密，有效穗多；抗倒抗病（白叶枯病和稻瘟病）性都比"桂朝"类型强，可早、晚造兼用，早造表现迟熟，晚造表现早熟；7月初播种，苗期20天，可在9月底至10月初安全齐穗，避过寒露干冷风害，但苗期抗寒性较差，插植苗数过多或肥水管理不当，会招致纹枯病害。

"双桂"的育成是经过漫长历程的。1967年，我们在"广秋矮"变异株的育种材料中，发现了1个与一般矮秆品种显著不同的丛生快

长类型"向阳矮"（"朝阳矮"的姐妹系），其特点是分蘖早、快、旺，有效穗多，但茎长粗不够，穗小；用它为母本，与高秆"华南15号"配交，育成了丛生偏长类型"龙阳矮"，其特点是长得过高，抗倒伏性弱，用它为母本与矮秆品种"宋早甲"杂交，育成了"桂阳矮"类型的多个品系，其中"桂阳矮1号"是个典型的丛生快长类型，可惜较易感染纹枯病害，后期转色不够顺调；但从其群体中，发现1个变异株"老桂1"，经过多次选择，获得1个茎叶形态很好的丛生快长类型"桂阳矮C—17"（老桂1—3—17），其分蘖力特强，秆矮，叶片上举，窄厚而色浓绿，耐密、耐肥，较抗白叶枯病和稻瘟病，有效穗特多。其缺点是熟期太迟而穗头小。在同一时期，我们还用茎叶形态特别突出的矮秆晚稻"桂阳矮1号"的姐妹系"桂阳矮49"为母本，用株型好、光合效率较高、较抗稻瘟病的矮秆早稻"朝阳早18号"为父本，进行早、晚稻类型间杂交，在1976年育成了早、晚造兼用的穗数和穗重结合得较好的高产种"桂朝2号"。其缺点是抗倒伏性不够强，抗白叶枯病力较弱，黄熟后期遇到连续阴雨较易穗上发芽。为了创造一个既综合这两者的优点，又排除它们缺点的高产、稳产新品种，乃于1977年，以前者为母本，后者为父本进行配交，并应用"组群筛选法"进行选育，到1979年育成了丛生快长类型"双桂1号"。

此外，近几年来，我们在"双桂"类型新品系的选育上，以及别的丛生快长类型如"丛桂"等的创造上，都取得了可喜的苗头。

三、问题讨论

（一）创造丛生快长类型的技术要点

（1）要通过杂交创造新的丛生快长类型，亲本之一应该属于丛生快长类型。

（2）根据选种目标，选择丰产、稳产性能强，优点多，缺点少的品种作亲本，尽量避免选用具有同一缺点的品种进行杂交，使两亲的优缺点可以相互弥补。

（3）利用晚稻丛生快长类型与早稻品种进行杂交，可通过定向培育和选择，选育早稻丛生快长新类型，但按一般早、晚稻杂交的遗传变异规律，其 F_1 多属晚稻类型，早造培育 F_1 时，应考虑进行短日处理；又在 F_2 分离材料中出现早稻类型的机率可能较小，故 F_2 的种植数宜较多。

（4）杂交后代在早期世代中，进行定向培育和选择，对所要求特性的形成有很大作用。为了选育耐肥、抗倒、高产的丛生快长类型，从 F_1 起应给予良好的栽培环境条件，如田上的肥力水平宜较高，单株营养面积宜较大，等等。但为了进行育种材料在抗性方面的诱发鉴定，也可利用相应的有时是比较恶劣的栽培环境条件。

（5）为了充分发挥杂交选择在定向培育过程中的积极作用，多、快、好、省地完成选育种任务，应根据具体情况，机动灵活地运用各种选育种方法和技术，使杂种材料的特性、特征更好地朝着人们需要的方向发展。

（6）丛生快长类型可能是受着多个补足基因所支配，在杂交后代中，理想的典型的丛生快长类型出现甚少，因而利用"组群筛选法"进行选育，收效较大。

（二）有关株型问题

生育中期茎叶颜色的淡退程度，可以反映出营养生长和生殖生长是否协调。青枝腊稿的长相，固与巧用水肥有关，但更主要的是它的养分积累和运转功能好，且有较强的抗逆性。根群发达健壮，表明根部营养正常，吸收与合成功能好，从而适应性和抗逆性亦会较高。茎虽矮而粗壮，叶鞘发达，叶上举，长宽厚适中，色浓而带翠，则其养分合成贮藏功能较好。叶色的动态变化正常，是营养物质转运供应好的主要标志。有效蘖多，穗大粒饱，谷秆比高，则是丰产形质的综合表现。

仅从上述例举，足见株型的探讨，在近代

育种学上,有着重要的现实意义。

在农艺学上,水稻的群体性能,特别突出。能否获得高产稳产,与群体动态结构有着密切的关系。这是因为水稻的干物产量,90—95%来自作物群体的光合作用,而光合作用的势能和效率的高低,主要是取决于群体的动态结构理想与否。

"根群常旺健,秆壮鞘发达,长相低磨磨,封行少荫蔽,叶色变化好,谷秆比率高"是个好样的动态群体结构。但是理想的群体结构,主要是基于良好的株型特点,在相应的良好栽培条件下发展形成的。

就株型来说,根系发达,分布深广,分蘖早生快发,秆矮壮而茎态玲珑的,不论肥力高低田类都适宜。一般认为,其叶角开度稍大,叶片较长较宽而带弯的,较宜低肥田类种植,至于叶片长宽适中,厚直而色浓翠的,则较宜于高肥田类栽培,但若引种于较低肥力田类而采用相应的栽培措施,诸如疏播、铲秧、带土密植,重施高效送嫁肥和适度供水,以提高前期的光合效果,并注意施用分化追肥,促进幼穗发育,也可能发展成为高产的群体样相。人们认为"在塑造高产株型上,桂朝类型的选育是个新的突破,肥田种植可获得高产,中下等肥田种植,也可达到高产稳产"不是没有根据的。

生产实践证明:一个品种不能包打天下,不同的生态条件,要求不同的品种类型。台风暴雨频繁地区,推广矮秆或半矮秆的株型,以发挥它的耐肥抗倒伏性;晚稻采用早生快长,能够有效地避过冷害的早熟高产类型,它们在9月下旬就可齐穗灌浆。华南地区高温多湿,水稻群体容易造成郁闭现象,穗数与穗重的矛盾易趋尖锐化,因而选用利于通风透光的耐密类型是必要的。所有这些长相,都是株型育种在生态育种上的体现。

基于以上论述,可见决不要简单地就株型论株型,应该为形成理想的动态群体结构而创造良好的株型,本着良种良法观点,发掘和善用新的株型。根据多年来育种实践的体会,在创造高产稳产株型上,我们的构思和做法可概括为:高产稳产为总目标,生态育种为指导;从优良株型出发,以基因分离重组规律为根据,更注意性状上的超亲变异,充分发挥官能鉴定的作用,培育选择上,"组群筛选法"与"系

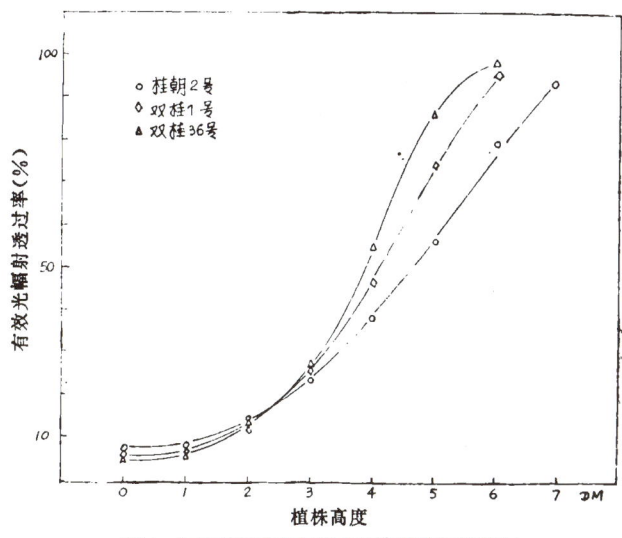

图2 不同类型品种群体内部有效光辐射分布

本文原载于《作物杂志》，1990（4）：1-2

水稻超高产育种研究

广东省农业科学院 黄耀祥

一、株型育种的历史回顾

50年代，为选育耐肥、抗倒、高产稳产的新品种，提出了"矮化育种"，并先后育成了广场矮、珍珠矮和广陆矮等矮秆耐肥抗倒、高产稳产良种。在南方稻区分别推广年逾千万亩。水稻矮化育种的成功，为以后选育系列耐肥高产稳产矮秆良种开辟了广阔前景。矮秆品种比诸高秆品种一般具有以下特点：矮秆密节，耐肥抗倒；分蘖力强，成穗率高，有效穗数多，叶片配置较好，叶面积指数较大，光能利用率高，有较高的碳氮代谢水平，根系比较发达，活力较强，增肥效果好，生物学产量高，谷草比值大。

70年代，提出"丛化育种"，要求塑造丛生快长矮秆新类型。即在个体发育过程中，选育具有在营养生长期丛生矮生，生殖生长期快长的动态株型结构。丛化育种是继矮化育种之后的株型育种的新阶段。它是针对华南地区台风暴雨频繁，高温多湿，昼夜温差小的生态环境条件，为加强品种的耐密性，进一步解决多穗数与高穗重的矛盾，提高增产潜力而提出的。用晚籼桂阳矮49与高光效品种朝阳早18，通过早晚稻类型间杂交，育成丛生早长过渡类型桂朝2号。在南方稻区各省大面积推广，增产显著。其特点是早、中、晚季兼用，叶面积系数较大，光能利用率高，穗大粒多。云南大理州作中稻栽培，亩产超吨粮，创我国一季中稻单产最高纪录。这一"早长"大穗高产株型特点的发现，为80年代探索超高产株型育种揭示了方向。嗣后，以其为父本与桂阳矮c17配交，并开创"组群筛选法"进行选择，育出一个具有崭新丛生快长动态株型结构的品种"双桂"。目前推广面积年逾千万亩。研究结果表明，象双桂及相继育成的丛芦51等典型的丛生快长类型，一般具有如下特点：在营养生长期分蘖早、快、旺，丛生矮生，到生殖生长期，生长势保持旺盛，株高的增长速度比一般矮秆品种显著较大，颖花退化少，叶角也比一般矮秆品种显著减小，株型较紧凑，功能叶片的净光合效率高，群体光能利用高。

但是除了桂朝2号等少数几个品种外，一般矮秆或半矮秆品种的大田亩产登上500公斤左右新台阶之后，却出现了亩产长期徘徊不前的状态。主要表现在穗重并无明显增加，甚至穗数与穗重的矛盾更为突出。

二、"早长"——超高产类型的新构想

如何使穗数和穗重在更高的水平上统一起来，就成为育种者的首要任务。试验结果表明，适当提高营养生长期单茎的生物学产量，特别是幼穗分化前的叶面积指数，扩大营养物质的供给源，是孕育穗大粒多的一条可靠途径。

据此，笔者提出了创造"矮生早长"和"丛生早长"的超高产类型的新构想，把株型育种过渡到第三阶段。所谓"早长"，其特点是：根系健旺发达，高度耐肥抗倒，增肥效应好，早在营养生长前期就长出较长、较厚、较大的叶片和叶鞘，相应提高假茎的粗壮度和叶面积指数，以利营养物质大量合成和运转，为重穗型遗传特性的表达和孕育穗大粒多提供物质保证。

超高产育种的技术路线与高产稳产育种一样，均以生态育种为向导，从塑造理想株型出发，并通过以"早长"为主导的亲本配搭，杂交培育和定向选择以创造新的"早长"超高产类型的系列水稻良种，以适应不同类型地区各种耕作制的需要。

80年代中期以来，我们遵循以塑造半矮秆"早长"或丛生"早长"为主导这一超高产技术路线开展育种工作，现已初见成效。在耐肥抗倒抗病特高产品种特青育成之后，新特青、双青、新秀299、新台1号和胜优1号等相继涌现，并初步在生产上展示了它们独特的比特青更强的丰产稳产优势。比如胜优1号系特青的衍生品系，属半矮秆早长大穗类型。参加高肥田品比，亩产639.2公斤，比对照特青亩增40.2公斤，增长6.7%。该品种茎秆健壮，穗大粒多，谷粒饱满充实，千粒重高达29.51克，整米率高，品质优于特青。经过评比，人们认为它的特（超）高产性能，胜过杂优，故得名"胜优"。

本文原载于《广东农业科学》，1990（4）：3-7

作物育种的战略性决策
——水稻生态育种

广东省农业科学院　黄耀祥

提　要　建国以来，认真贯彻"生态育种"战略性决策，开展"株型育种"。从1956年开始应用矮性基因源矮仔占4号，1959年育成我国第一个人工矮化早籼良种广场矮。60年代又相继育成珍珠矮和广陆矮等10多个矮秆新品种，继之又育成光能利用率高、对稻瘟病有良好抗性的朝阳早18和丛型3号。70年代起开展"创造新的水稻高产群体生态类型——"丛化育种"工作，育成桂朝2号、双桂、和丛芦51等高产良种。80年代，以选育优质、高产、多抗新品种为目的，根据三性分离重组原理育成的七山占，适于早晚两季兼用，高产、多抗、品质特优，中熟早籼丛黄占，具有优质高产抗病。认为在保持半矮秆或丛生快长类型的综合优良性状特别是有效穗较多的前提下，主攻大穗多粒，高结实率和饱满充实度，高指标地提高穗重，是有效的途径。育成的产量比杂交稻汕优63高的（特高产品种特青，以及新桂、双青、密粒、丰收18、望稻和新秀等）半矮秆早长型多抗高产品种，已证实其可行性。

水稻品种的高产稳产性能，决定于优良种质的遗传潜力及其对外界生态环境条件的适应性。水稻生态育种，就是根据这个论点，结合育种实际，针对各类型地区的生态环境条件，尤其是限制水稻产量进一步提高的不良因素，缓急有度地相继创造具有理想的生理生态特性的综合基因，不断提高其对特定的生态环境条件的适应性，趋利避害，扬长避短，发挥水稻最大的生产潜力。

（一）广东省稻作生态条件的综合分析和育种对策

广东省的气候生态条件可按性质归类，并举述其对稻作的影响和我们在生态育种过程中相继实施的有针对性技术路线。

1. 台风暴雨频繁、造成倒伏减产。创造耐肥抗倒高产稳产的矮秆类型——"矮化育种"并确定"以矮秆密节为主体、辅以耐肥、耐密、抗倒、抗病、抗寒等主要特性、并兼具根、茎、叶、穗等综合性的丰产、稳产形质结构"为耐肥抗倒高产的育种目标。可称为"株型育种"的第一阶段。

2. 高温多湿、昼夜温差小，导致群体易趋郁闭，植株生势弱，抗性差。创造具有丛生快长动态株型结构的新的水稻高产群体生态类型——"丛化育种"。与下述"高光效育种"配合进行，同属"株型育种"第二阶段研究课题。

3. 阴天多、日照少，影响光合作用，生物学产量低。选育群体结构好，比较耐阴耐密，在较低光强条件下，保持较高光合效率的品种类型——"高光效育种"。

4. 早春连寒阴雨（三连）造成烂秧，推迟晚造插秧季节，晚造低温冷害不利于中迟熟品种的抽穗扬花和灌浆结实。开展"三性（感光性、感温性和基本营养生长性）分离重组育种"，创造早、中、晚造兼用的不同熟期的三性优化组配新类型，以适应广东以至南方稻区多种耕作制度的需要。

5. 不利的生态因素互作结果，为稻瘟病，纹枯病和白叶枯病的暴发创造条件；局部地区会出现洪涝灾害。抗病（特别是稻瘟病、白叶枯病和纹枯病）育种，并筛选比较耐涝的品系。

6. 外因通过内因起作用，单茎（蘖）营

养生长前期的生物学产量低，不利于孕育大穗。选育在营养生长前期，单茎（蘖）的叶鞘叶片即长长、长厚、长大快，生物学产量高的品种类型——"矮生早长和丛生早长育种"。可视为"株型育种"进入第三阶段的"里程碑"。

7．本省热量充足，雨水丰盈、气候温暖、四季可种作物。

根据以上的生态类型，开展"特高产、超高产育种"研究，初步的构想是：选定株型出众的矮秆、半矮秆和丛生快长类型的高产、特高产品系为主要组配亲本，要求保持它们原有的较高穗数水平而显著提高其穗重，"矮化育种"、"丛化育种"、"早长育种"三线并进，而以"矮秆早长和丛生早长"为主攻方向，通过根系功能、光合效率和抗倒抗病抗逆性能的进一步强化，有效地提高其高产潜力，实现亩产800—900公斤的特高产，超高产目标。而为早造提供中迟熟超重穗，穗数与穗重相结合，抗逆抗病，特高产、超高产的新品种；为晚造提供早至中早熟，早晚兼用型特重穗，穗数与穗重相结合，较抗寒和抗白叶枯病，特适于晚季栽培夺高产并利于冬种的新品种。还要做到不同熟期品种的适当搭配和不断改善品质。

在地体（土壤）生态条件上，起主导作用的是稻田的综合生产力——地力。故在不断改善土壤的物理性、化学性和微生物性为根系创造良好生态环境条件的基础上，对品种的要求，可视同"矮化育种"的耐肥抗倒高产育种目标，而同步配合研究完成任务；选育根系活力强，叶片配置适当的品种，如新育成的适应性广高抗稻瘟病的双朝25号，不论地力比较薄弱或是上中等肥力田类都可获得高产稳产。

至涉及纬度和耕作制方面的要求，中心的问题是稻作的安全生育期和品种的成熟期对特定耕作制度的适合性。或更要求在某个生育阶段具有抗寒或耐热的抗逆性能。

可见品种的适当熟期是解决总体技术问题的关键所在，其具体的育种技术路线则与解决广东双季稻两头常遭冷害和品种熟期搭配问题。

（二）历经实践验证的技术路线

以高产稳产为总目标，生态育种为导向，从塑造优良株型出发，以遗传基因分离重组为主要根据，更重视性状的超亲变异，特性特征的评价，充分发挥官能鉴定的不可代替性作用，培育选择上，"组群筛选法"与"系谱法"、"集团法"结合运用；遗传性基本稳定，"生测"、"中试"与"优中选优"同步进行。"

生态育种就是把攻产量（高产、特高产、超高产）关放在首位并从塑造优良株型出发。其依据可概述如下：

高产、特高产，超高产水稻新品种的选育是近代农业生产发展新形势给育种科学工作者日益艰巨的任务。科学实验和生产实践证明，品种的高产性能是由许多有利基因发挥高度协调作用的综合表现。其生产潜力达到超高产理想指标的品种，实为当今品种资源宝库里所绝无仅有，极待育种家继续努力创造，而高抗某种病，某种虫、或是耐寒耐热，或是品质独优的基因源则是随手可得的。若为创造以"超高产、多抗、优质"为总目标的突破性良种而对其有关技术路线的可行性和先进性进行论证，当不难得出："超高产育种问题解决了，跟着的是关于优质或抗病等基因的导入问题，当可迎刃而解"结论。事实上，利用穗数与穗重的协调已达较高水平的那些矮秆品种的综合丰产基因型为基础，配对适当组合，导入相应的基因以育成抗病性较强的丰产品种，光能利用率高的早熟的丰产品种，形、色、味、香和可口性俱佳的丰产品种以及矮、丰、抗、早、优等优良性状综合于一体的品种，在南方稻区不少省份都已取得显著成效。

大田作物产量的高低与其群体动态结构有密切关系，而理想的群体结构主要是基于良好的株型特点在相应的良好栽培条件下发展形成的。

株型是作物的形态结构和生理生态诸功能的综合性体现，形态与功能是相表里的。育种家凭借"官能鉴定"的本领，既可洞察作物的外部形态，更可透过株形摸到它的特性，而变异着的千千万万的选种材料，还是要依重官能鉴定进行汰选。又由于生态育种主要是根据各类型地区的生态特点，依靠塑造理想株型，以**趋利避害扬长避短**，发挥当地的优势，提高品种的生产潜力的，故株型育种实为生态育种的根本。

基因独立分离和自由重组规律是杂交育种的重要依据，育种家为要塑造遗传基础宽广，基因组配优化的新类型，必须在亲本选配、杂交方式和杂种后代的培育选择过程中，巧妙地运用它，可见新的优异的基因源的开拓应用，常为育种家所梦寐以求。染色体变异和基因突变每为导致超亲变异获得全新类型的遗传机理而引起重视；在杂种后代的培育选择过程中，要不失时机地发现有利的变异，就要充分发挥"官能鉴定"兼容科学与艺术的不可代替性作用，定向选择亦唯有依赖官能鉴定去完成。培育选择法的创新，目的在于摒弃常规方法的缺点而纳其所长并进一步做到加速育种进程、提高育种成效。每当选系的遗传性基本稳定时，生产力测定和中间试验就得与"优中优选"同步进行，以利于发挥良种风华正茂的优势。

"地方品种"是它的原始类型在当地的生态环境条件下，不断传衍后代的遗传与变异过程中，经受着长期的自然和人工选择发展形成的复杂的品种群体。建国初期为了发掘"地方品种"的增产潜力，在良种评选的基础上，对在当地当时尚能保持相当优势的品种，主要采用**系统选择**和多次单株定向选择法以期育成对改善提高了的综合生态环境条件更为适应，丰产、稳产性能更为优越的新品系。

（三）主要成就

50年代前期，根据农业生产发展的需要和"生态育种"构想，开展地方品种整理、系统选种和杂交育种。先后系选育成早籼江南1224、石七954、加应早1025、矮仔占4号、晚籼华南15，华南17、秋长3号、2150、塘2306、哈2406，杂交育成广场13、3193、4105、大骨齐眉2711和广场36等新品种。这些品种的丰产、稳产性能，分别比原种和同熟期的当家（主栽）品种优胜，有不少品系迅速在生产上大面积推广应用。但由于施肥水平不断提高，而高秆品种在中至中上肥力栽培条件下，增肥效应逐渐下降，在台风暴雨的袭击下，倒伏现象也更为严重，限制了对肥力和太阳能的利用效率，难以大幅度提高稻谷产量。为了解决这个问题，通过研究探索，我们在类型繁多的地方品种宝库中发掘得半矮生性基因源广西矮仔占，并系统选出综合性状比较突出的矮仔占4号。1956年以它为母本，分别与广场13和江南1224等在生产上正大面积推广的高秆品种配交，开展创造矮秆高产类型的水稻新品种选育工作（简称"矮化育种"），1959年育成我国第一个矮秆高产品种广场矮，接着又育成江南矮和夏至矮等；进入60年代又相继育成高产和适应性能强的珍珠矮，穗大粒多的二九矮，熟期早、光合效率高的广陆矮4号，熟期早、穗数多的广解九号和早晚两季兼用的广二矮等早籼良种，以及穗大粒多的广秋矮，抗瘟优质品种矮齐眉，抗病优质品种新四占，抗逆、抗病性强的**塘竹**，耐肥抗倒的广塘矮，株型出众、高抗白叶枯病、丰产性能强的朝阳矮1号和耐肥抗倒品种竹矮等晚籼良种。这期间为了丰富矮秆品种类型的遗传基础，除了利用原产广东的中山无名种经过多次杂交育成较耐旱、耐瘦的为广东、江西等省的主要外贸出口优质稻品种双竹占外，还开拓利用了新的矮性基因源花龙水田谷和矮种水田谷。前者于1963年作为母本

与抗逆抗病性强的矿竹杂交，1967年衍生到杂种F_4再与鸡泉伦复交，接力育成窄叶青8号；后者于1964年与抗病抗寒的秋长3号杂交，1967年衍生到杂种F_3，再分别与局白和2150复交，接力育成秋白早和秋二矮。但是控制着上述这些矮性基因源的半矮生性基因大多是属于同一位点的隐性主基因。

此外，60年代后期至70年代初，我们又通过密播、饿苗、间拔和短日处理等一系列措施，从广秋矮的突变株系中筛选出一个与一般矮秆品种迥异的丛生快长类型向阳矮，其特点是分蘖早、快、旺，有效穗多，但因茎秆长粗不足，穗较短小。接着再经过先后两次的复交，育成典型的丛生快长类型桂阳矮1号和49号等品系，并从桂阳矮1号的衍生后代中选出一个变异株系老桂1，和进一步从老桂1选出分蘖力特强，耐密耐肥，秆矮，叶片上举，窄厚而色浓绿，且较抗白叶枯病和稻瘟病的丛生快长类型桂阳矮C17。

应该指出，创造高产稳产水稻矮秆新类型的选育种实践证明，矮源的选用与育种成效关系至大，故对新的优异矮秆基因源的发掘研究和利用，已日益为育种界所重视。因此有必要对桂阳矮一号的矮生性机制加以探讨。

根据高矮秆杂交后代的分离情况，我们推测桂阳矮一号的矮生性状是由两个非等位的矮生性主基因所控制。但江苏省农学院顾铭洪先生在1979年发表的文章中指出："桂阳矮1号则由一个或一个以上的非等位基因所支配"；近期的报道则又说桂阳矮1号是由一个与Sd—1非等位的Sd—g矮秆基因所控制。对此我们表示异议。

因为控制着桂阳矮父本龙阳矮与母本宋早甲的半矮生性基因，均渊源于矮仔占4号而与Sd—1相互等位，而在桂阳矮1号自交衍生后代进程中定向选出的，剑叶已变得挺直上举的老桂1—1（定名为珍桂占18）和桂阳矮C17，它们所携带的一个矮生性基因亦均与Sd—1相互

等位，假如桂阳矮1号仅是携带有Sd—g基因，然则前两亲本的Sd—1基因何处去，后两个自交衍生后代的Sd—1基因又从何来，前后两方之间可无有机联系？若如众所认为桂阳矮1号所携带的Sd—g基因是由于突变产生的，则它的出现应该不会影响Sd—1基因的存在，因为两者并不等位，正如顾先生所说："是相互独立，分属于不同连锁群。"综上所述，当可认为，在一般的情况下，真正的原桂阳矮1号应该携带有Sd—1和Sd—g两个相互不等位的矮秆隐性主基因。

朝阳早18号是接着育成的一个株型特好，叶色青翠，光合效率高，耐肥抗倒，抗稻瘟的高产早籼良种。1976年，用桂阳矮49为母本与它进行早、晚稻不同生态类型间杂交，通过"三性"分离重组，定向选出感温性强具有轻度感光性和基本营养生长性适中的早、中、晚季兼用且适应性广的桂朝2号。它的株型独佳，叶厚直，叶面积指数较大，光能利用率高，穗大粒多，南方稻区各省大面积推广，增产显著，云南省作中稻栽培，亩产超吨粮，创我国一季中稻单产最高纪录。

南方稻区高温多湿，昼夜温差小，在施肥水平较高和密植高产栽培条件下，水稻群体容易造成郁闭现象，导致植株生势弱容易倒伏和遭受病虫为害，穗数与穗重的矛盾亦难以协调，针对这种情况，塑造耐密性强，利于通风透光、提高光合效率并抗逆、抗病的类型，应是育种工作者之所念。为此我们选定桂阳矮的演生后代，具有多种优良性状的丛生快长类型桂阳矮C17为母本与桂朝2号配交，并开创"组群筛选法"进行选择，到1979年就在其F_3代试区中，选出一个具有崭新的丛生快长动态株型结构的品种双桂。由于它是个光合效率较高且抗逆、抗病，具有比桂朝2号更好的丰产稳产性能和广泛的地区适应性，而在我国南方稻区广泛推广。从而确立了"丛化育种"方向。同时还利用我们开拓出来的，另一优异的丛生快长

类型丛型3作为杂交亲本，组配新组合，育成丛桂314。以后又于80年代前期，相继选育出丛芦51和双丛169—1等丛生快长类型新品种。其中如丛桂314参加南方稻区区试，产量名列首位，且高抗稻瘟病，中国水稻研究所研究认为其半矮生性基因与Sd—1不等位；丛芦51高抗稻瘟病，高产稳产，得到四川省有关科研、生产单位好评，积极宣传推广；双丛169—1为早、中、晚季兼用的高产品种，在汕头市获早稻亩产725公斤高产纪录，省区试两年，产量都居前列，该品种熟期适中，抗稻瘟病，中肥高肥两宜，易种高产。此外，还育成耐肥抗倒抗逆抗稻瘟病，米粒细小晶莹，饭性软滑可口，米质达出口上优级的新竹占17、矮塘占7、软丝苗等高产优质晚籼和软油占、平优占等中高产优质早籼新品种。根据"三性分离重组"原理育成的七山占，感温性很强，其熟期性特适于早、晚两季兼用，高产多抗品质特优；新桂早，是个三性型组配方式特适于晚季栽培的早熟、多抗而利于提早冬种的耐肥高产新类型。

80年代，我们在选育高产、多抗、优质新品种的同时，开展特高产、超高产品种选育的探索研究。认为在适当保持现有半矮秆或丛生快长类型综合优良性状，特别是有效穗数较多的前提下，主攻大穗多粒、高结实率和饱满充实度，高指标地提高其穗重，当是创造特高产超高产品种类型的有效途径；而从营养生长前期起即迅速提高其生物学产量，则是关键所在。据此我们提出了创造"矮生早长"和"丛生早长"特高产、超高产类型的构想。所谓早长，其特点是，高度耐肥抗倒，增肥效应好，早在营养生长前期就长出较长较厚、较大的叶鞘和叶片，相应提高假茎的粗壮度和叶面积指数，以利于营养物质的大量合成积累和运转，为孕育大穗提供有效保证，而叶面积的升降有度配合着叶色变化顺调，则是源、流、库三者得以协调的标志，也是提高谷秆比值所必需；在开拓应用目标基因方面，导入大穗多粒和在较低光强度下表达高光效的遗传机制，已见成效；另一供给源根群的健旺，日益引起我们重视，根系活力强，不早衰更是促进和调动有机体的机能所依靠。1984年育成高抗白叶枯病中抗稻瘟病，比现有杂优组合杂交稻汕优63高产的特青之后，又相继育成早长高产类型品种望稻和中南，以及可比特青高产的双青、密粒、新特青、新朝、新桂、胜优和渐秀等半矮秆早长多抗新类型。但应该指出，要育成作为双季稻亩产达900公斤水平，理想的超高产品种类型，还得经过不断的艰巨的努力。

这里有必要举述我们育成的，当前我国南方稻区仍在大面积种植或正开展推广的，几个著名度较高的品种为例，以明水稻良种对促进粮食生产的作用：

桂朝2号，1981年—1988年全省累计推广面积5000万亩，1981—1986年南方稻区累计种植面积1.4亿亩，增产稻谷50亿公斤以上，创造了巨大的经济效益。

双桂，1983—1987年，累计推广面积6850万亩，以每亩增产稻谷35公斤计，共增产稻谷24亿公斤。

特青，1987—1989年累计推广面积1100万亩，以每亩增产稻谷50公斤计，共增产稻谷5亿公斤。

上述3个品种的增产稻谷累计79亿公斤，以每公斤保守值0.5元计，创造的经济效益达39.5亿元。

附录2 水稻矮化育种60周年纪念暨水稻产业科技大会专题报道

Appendices 2 Special Reports on the 60th Anniversary of Rice Semidwarf Breeding and Sci-Tech Conference of Rice Industry

追寻黄耀祥足迹!
这6个地方勾勒出他的一生

中国工程院院士、水稻育种家黄耀祥将一生都献给水稻事业。

他科研成果丰硕,被誉为"半矮秆水稻之父""世界上最有经验的水稻育种家"。

从开平老宅到位于广州天河的试验基地,从矮秆育种摇篮"望稻楼"到"论稻居"……这些早已沉淀成为一种符号的地方,记录着黄耀祥一路走来的艰辛与坚持,也烙印出我国水稻产业走向辉煌的脚印和历程。

今年是水稻矮化育种60周年。重走他走过的路,我们仍能感受到他的精神与思想的强大生命力,触摸到水稻产业发展的温度与脉搏。

金龙里
启蒙:读书明理 科学救国

从江门开平市区驱车东行,沿途可看到三三两两的碉楼,30分钟后抵达百合镇厚山乡金龙里村。1914年,黄耀祥就出生于此。

"大家都知道黄耀祥,他对国家作出了很大贡献,以前回来时也总会带些水稻种子给我们。"当地村民回忆起黄耀祥,仍难掩激动。

黄耀祥出生于金龙里村的一个贫农家庭,有兄弟姐妹五人,父亲迫于生计远

金龙里村

涉重洋，常年在加拿大照相以补助家用，母亲则在家耕种一亩多农田来维持一家人的日常生活。那时种一亩水稻，每造才收两三百斤，家庭负担之重可想而知。

母亲的操劳，艰辛的生活，使他从小独立而懂事。

少年黄耀祥所处的时代，是旧中国社会人民生活困苦、食不果腹的年代。他不仅目睹家乡农民饱受饥饿折磨，漂泊海外谋生的苦难，还经常从父亲那里听到贫苦华侨身居异国受人歧视，生存艰难的境况。年少的黄耀祥思想受到巨大冲击，并试图改变这种困苦现状。在经历痛苦思索后，他立志探索科学救国的道路。

二
中山大学
抉择：农业兴 中国兴

1930年，黄耀祥考入中大附中，通过读书明理，他对解决中国现实问题有了更为深刻的认识。1935年，他在中山大学确立了农业救国的理想，转入农学院，师从我国著名水稻专家丁颖教授，主攻作物遗传育种学，在这里开启了逐梦之门。

这一时期，丁颖的言传身教对黄耀祥产生了长期的、潜移默化的影响。1936年，丁颖通过杂交获得世界上第一株"千粒穗"，在国内外稻作学界引起了巨大轰动，更坚定了黄耀祥农业事业大有可为的信念。

"振兴中华，永志勿忘。"这是中山大学校歌的最后一句词，也是黄耀祥一生践行的八个字。

"中国是一个农业大国，农业不兴，何来中华民族的振兴？"对于黄耀祥而言，投身水稻育种事业，是决定他一生的关键，也正是这段经历，孕育了日后以矮化育种为重点的产业变革。

三 稻望楼
创新：高秆变矮秆 开创水稻育种新纪元

望稻楼

"望稻楼"一隅

来到广州市天河区五山路翰景街边，能看到一栋老旧楼房，这曾是广东省农业科学院水稻所遗传育种室，黄耀祥将它命名为"望稻楼"。这座不起眼的小楼，曾经却是水稻矮化育种的摇篮。

1939年黄耀祥从中山大学毕业后，先后到云南省第一农事试验场、广东省农业局稻作改进所等地工作，1949年中华人民共和国成立后，来到华南区农业推广繁殖场（广东省农业科学院水稻研究所前身之一），在这里开始了几十年不知疲倦的耕耘，并培育了300亩水稻试验田。

稻田中的"望稻楼"，简易却不简单，黄耀祥的视野因此更加开阔，他在这里教导学生，与育种家、农民交流探讨，仔细研究，在这里经历过一次次失败，也不断碰撞出新的育种灵感与思路。

"黄老一生都扑在水稻育种上，他非常注重实践，要求我们要多下田，并经常带我们到试验地或到生产上现场传授技术经验。"广东省农业技术推广总站副站长林青山曾在黄耀祥团队工作17年之久，他眼中的黄耀祥注重实践，把稻田看作自己生命的一部分。

"黄老研究的目的性很强，都是为了解决生产上的难题。"广东省农业科学院水稻研究所所长王丰对黄耀祥敏锐严谨的科研精神印象深刻。

广东省农业科学院水稻研究所研究员江奕君回忆起黄耀祥时，话语中也全是敬意，"他只要拿着穗子，就怎么也看不够。"

在黄耀祥苦苦攻关的第十个年头，1959年，世界上第一个半矮秆水稻品种"广场矮"诞生于此，使水稻单产每亩由200～250千克提高到350～400千克，成为水稻育种史上一次重大突破。这一研究成果使得水稻高秆变矮秆，有效解决了长期以来水稻因台风倒伏减产的难题，不仅引领了第一次绿色革命，还为杂交水稻优质高产和超高产打下了坚实基础。

如今，试验田已迁地，但登上"望稻楼"，仿佛还能看到那一望无际的稻田，在阳光的照射下越发光彩夺目。

四 论稻居
发展：穷其一生 探索水稻生态育种科学体系

"这半个世纪以来，我实际上只做了一件事，就是逐步探索建立了具有中国特色的水稻生态育种科学体系。"在黄耀祥名为"论稻居"的工作室里，有一本自述，自述中他这么写道。

"论稻居"，顾名思义，是专门用来探讨、研究水稻的居所。这间工作室位于黄耀祥在广东省农业科学院的居所内，占地20多米^2，距离"望稻楼"不到2千米，屋前林木葱郁，与繁华的广州闹市区相比，显得格外宁静。

论稻居

"论稻居"小，价值可不小。从矮化育种工程，到丛化育种工程，再到半矮秆早长、超高产育种工程，半矮秆早长、根深超高产（特）优质育种工程和两源并举超优势稻育种工程……50年来，黄耀祥在这间办公室内，鞠躬尽瘁，一步步描绘出理想的水稻生态育种蓝图，引起了世界性的水稻育种方向的转变。

"父亲的成功并非偶然，他整日都在工作，家里到处堆的都是稻种。"大儿子黄冉兑翻开相册，描述起黄耀祥在"论稻居"的工作状态，片刻又陷入沉默，"每年只有大年初一的早上，我们一家人能愉快地坐在一起。"

在黄冉兑翻开的照片中，除了一片片稻田，偶尔能看到黄耀祥夫人刘金羡女士的身影。为了黄耀祥的育种事业，刘金羡在1982年到2004年间，一直跟着黄耀祥奔波于各地、各个稻田间，默默奉献于我国水稻事业。

黄耀祥与夫人刘金羡在观察水稻根系

黄耀祥的成功，与他的科研敏锐性也密不可分。他关注科技前沿，暮年仍不断学习，在他的书架上，还能看到《2002高技术发展报告》等书籍。

如今，"论稻居"的桌上也仍然摆放着黄耀祥用过的砚台，一方砚台、一面书墙，承载着他对水稻事业、对国家的情怀。与之呼应的，则是他写下的16字座右铭："兴国为怀，'两论'引路，构想实践，不断创新"。

黄耀祥在论稻居工作

"生态育种50年的5个阶段,正是不断创新,构想实践的过程。"二儿子黄拱文从小深受父亲黄耀祥的影响,得益于这股创新实践精神,他在自己从事的岗位上也进行了不少有意义的探索。

五
院士路
成就:不朽丰碑 把丰收之种撒遍大地

雕像无声,却在诉说着一场水稻史的重大变革

江门的城市道路上,有一条闻名海内外的道路——院士路。黄耀祥的雕像伫立在这里,保有其静谧的魅力。

20世纪60年代,在黄耀祥成功选育"广场矮",开创矮化育种工程之后,矮化育种在我国迅速掀起变革浪潮,开始了水稻品种的更新换代。1965年,南方稻区基本实现矮秆化。1975年前后,矮秆品种在全国年种植面积最高达1.5亿亩。至1999年,黄耀祥院士带领团队主持培育了60多个大面积推广的品种,累计种植面积达115亿亩以上,创造了巨大的社会经济效益。

水稻品种的矮秆化,成为现代水稻育种史上的重要里程碑,也为三系杂交稻育种成功与应用奠定了重要基础,使我国的水稻育种水平在世界上保持领先地位。

由于在水稻育种上的突出成就和重大贡献,1995年,黄耀祥当选中国工程院院士,并于1998年被评为"中国工程院首批资深院士"。

如今,由黄耀祥写下的矮秆水稻故事还在延续,这座雕像也愈发熠熠生辉。

六
江门开平
牵挂:树高千尺不忘根 俯首耕耘为大地

在农业兴国的路上,黄耀祥是战斗到最后的。

2002年,超优势稻在国际水稻大会上得到广泛认同。同年,他回乡考察,

2002年,黄耀祥与夫人刘金羡在国际水稻大会

开平市农业科学研究所

决定在开平建立"超优势稻"培育基地。

循着黄耀祥的足迹来到开平市农业科学研究所,所见之处是大片的稻田,禾苗在雨水的拍打下昂首俏立,这是黄耀祥一次次弯腰工作的地方。

"我是1996年左右来到农科所的,在我印象中黄老每年都会回来几次。他最常挂在嘴边的一句话,是'我还能为家乡做点什么'。"原开平市农业科学研究所种子站站长周之光回忆起黄耀祥,崇敬之情流露在字里行间,"他非常关心家乡的农业建设,有好品种会带过来给大家试种。"

"那时候黄老已经是院士了,80多岁依然坚持下田,用放大镜察看材料,想多选出一些好品种来,多做一些贡献,要是不让他下田,他还会跟你生气。"

黄耀祥在进行研究工作

这样的坚韧一直持续到2004年黄耀祥去世,在生命的最后一刻,他还惦记着未尽的水稻育种事业,把助手请去医院交代工作,推动育种事业的延续。

今天,黄耀祥的思想遗产及其在水稻产业的贡献,依然迸发出巨大的能量。活跃于水稻领域的年轻一代,正在继承和弘扬黄耀祥的科研精神,在新时代的征程中大放异彩。

本文原载于《南方农村报》,2019年6月,有删改

这就是黄耀祥精神的力量！

人们赞美流星
是因为它燃烧着
走完自己的全部路程
我们纪念水稻育种家黄耀祥
是因为他不仅留下了
丰富的品种资源
还有力量无穷的精神财富
50多年的育种生涯
他忠于水稻育种事业
始终把育种放在第一位
他一心一意
想为解决人们的吃饭问题
献出一分力
最终，他也做到了
他对中国饭碗贡献大
先生虽逝，精神永存
他的育种精神
正激励育种家们一路前行
这就是育种精神的力量！

与时俱进，不断创新

这是一种与时俱进、不断创新的精神。

从开创水稻矮化育种到建立水稻生态育种科学体系，每一次创造性的进步，都源于他敏锐的观察力和创新力。

1959年，黄耀祥育种了第一个半矮秆水稻品种"广场矮"，开创了一条矮化育种的新途径，引领了第一次绿色革命。从矮化育种——丛化育种——半矮秆"早长"超高产育种——半矮秆"早长、根深"超高产（特）优质育种——超级稻育种，他一直在求新求发展。

生命不息，创新不止。这些新理论的提出，源于他与时俱进、不断创新的精神。

"黄耀祥继承发展了丁颖的'生态学'观点和'光温生态试验'的实践，最早地建立了生态实验室，探索水稻生态育种技术。黄耀祥对新技术和研究新方向有着非常敏锐的判断能力，他大量阅读生物技术的理论书籍，娴熟应用于实际，获得一次又一次新的认识和突破。"中国水稻研究所高级顾问、原江苏省农业科学院副院长邹江石说。

黄耀祥（右1）上台领国家科学奖

二　注重实践，求真务实

这是一种注重实践、求真务实的精神。

他深信"实践出真知"，也是这样长期行走在田间，稳步前行在育种之路上，每一个品种、每一次理论的提出，都是实践的结果。

黄耀祥科学严谨，亲自指导试验插秧

133

半矮秆水稻之父 黄耀祥
The Father of Semidwarf Rice
Huang Yaoxiang

黄耀祥（右3）经常戏称自己这是"竹竿子里面出品种"

黄耀祥（右）与汕头"种田状元"在田间交流

"黄老选出那么多水稻品种，这与他非常重视实践分不开。他除下田选育种之外，还带着新品种深入生产第一线，免费送种子给农民朋友，亲自给他们讲解水稻知识。"邹江石说。

"别人问黄老的育种诀窍，黄老说是靠着毛泽东《实践论》和《矛盾论》的'两论'指导进行探索的，他深信实践出真知，也一直在解决各种矛盾中不断突破，获得新进展、新发现。"与黄耀祥共事多年的陈顺佳说。

黄耀祥晚年时期每年会回家乡开平几次，据开平市农业科学研究所种子站原站长周之光回忆，80多岁的黄耀祥还要拄着拐杖下田，在田里走一个多小时，在地里把水稻捧起来靠近眼睛仔细察看，"黄老不服老，你不让他下田他还会跟你生气"，黄老还随身带着放大镜，看完田间水稻后，回到房间用放大镜看文字资料。

"黄老非常注重实践，要求我们要多下田，并经常带我们到试验地或到生产上现场传授技术经验。"广东省农业技术推广总站副站长林青山曾与黄耀祥共事近20年，黄耀祥的实践精神至今仍影响着他。

黄耀祥（左）带头参加科技下乡，向农民介绍水稻良种

黄耀祥（左2）在田间进行工作交流

黄老80多岁时仍奔波于全国各地推广良种栽培种植经验，在川西平原、大别山区、云贵高原和北部湾畔留下足迹。广西壮族自治区合浦县委、县人民政府曾赠送给他一面锦旗，上联"良种、良法、良师益友"，下联"丰产、丰收、丰衣足食"。

三 顽强执着，锲而不舍

这是一种顽强执着、锲而不舍的精神。

他说，"我真正做到'咬定青山不放松''任尔东西南北风'"。面对困难，

海南考察

黄耀祥（左3）参加 2002 年国际水稻大会

水稻矮化育种学术研讨会

他从未想过放弃。在黄耀祥身上，每一分坚持，都是成功的累积。

生命不止，育种不止。"我还想多育出几个高产品种。"80多岁的黄老还在坚持着。

林青山回忆，遇到水稻方面的问题，黄耀祥就会叫助手一起来研究。出差回来不管多晚，他都会第一时间到试验田观察，在掌握水稻生长状况后才离开，"我们经常回到所里又讨论工作到半夜"。

黄耀祥去世前一个月，广东省农业科学院水稻研究所研究员江奕君带着团队去医院看望他。"一个多小时，黄老和我们都在讨论水稻育种的事情，像往常一样安排工作。"江奕君至今还记得看望时的场景。

奋斗的道路不会一帆风顺，往往荆棘丛生、充满坎坷。成功背后，不知包含了多少心酸，付出了多少努力。

二儿子黄拱文至今还记得父亲在家里育种的场景。"20世纪60年代，父亲育种事业遇到困难，但仍没有放弃育种工作，买来了几个直径约60厘米的大花盆，从郊区一点点地取回泥土，开始了'天台育种'。"

"我们家住文德路朝阳里，父亲就是在这里育成了'朝阳早18'，后来父亲利用到郁南县宋桂镇（当年叫宋桂公社）的农家劳动的机会，用'宋早甲'与'龙阳矮'杂交育成了'桂阳矮'系列品种：'桂阳矮1号''桂阳矮17号''桂阳矮49号''桂阳矮121号'等，桂阳矮的'桂'字便是源于此。"黄拱文回忆。

"父亲的身教言传对我的影响很大，我写下了新的八字学风：勤奋、认真、灵活、坚毅。"黄拱文说。

四 追求真理，严谨认真

这是一种追求真理、严谨认真的精神。

黄耀祥追求真理和知识并为之奋斗。对待自己、对待团队成员，他坚持高标准、严要求，力求将每一个环节和细节都做到最好。

黄耀祥对问题认识得很清楚，他有坚定的信念，做什么事情都是高要求的。甚至在一些人眼中，黄耀祥有些"犟"。

江奕君和林青山都是长期跟随黄耀祥的科研助手，对他们来说，当他的助手很不容易。"他对于工作要求很高，甚至达到苛刻的地步。"这是他们共同的感受。

做好记录，工作严谨认真（左）

黄耀祥（右3）安排工作

江奕君回忆，从工作的第一天开始，黄耀祥就要求他们做好研究记录，对于植物的株型及叶片、茎秆、穗的大小都要详细登记。写文章要反复修改，一个标点符号都不放过。"经过他的严格训练，我做事更加严谨细致，这对于我以后的发展产生了积极的影响。"江奕君说。

黄耀祥为了带好年轻人，在试验田中开设了几亩青年"袖珍田"，对年轻的科研人员进行直接指导，并到生产一线进行品种的示范试种，及时矫正育种思路和方向。林青山是"袖珍田"青年小组的成员之一，"工作任务繁重，但正是高强度的工作让他们取得了显著的成效。比如，第一代高产优质品种'胜优2号'的选育。"林青山说。

"兴国为怀，'两论'引路，构想实践，不断创新。"这是黄耀祥的座右铭。黄耀祥的精神正闪闪发光。

本文原载于《南方农村报》，2019年6月，有删改

附录3　纪念水稻矮化育种60周年系列活动掠影

Appendices 3　Glimpses of Commemorative Activities for the 60th Anniversary of Rice Semidwarf Breading

"中国稻作科学之父"丁颖与"半矮秆水稻之父"黄耀祥铜像落成典礼

一　迎宾与典礼现场

塑像落成典礼现场签到处

美国科学院院士、中国科学院外籍院士、国际水稻研究所原育种系主任、首席育种家Khush博士（右2）及夫人Harwant Kaur Khush女士（右3），巴基斯坦代表Shahid Tawawalla先生（左2）

中国工程院院士、江西省农业科学院原院长颜龙安研究员（左4）和国家水稻产业技术体系首席科学家、中国水稻研究所所长程式华研究员（左2）

中国科学院院士韩斌（左2）与农业农村部科教司司长廖西元（右3）

出席典礼仪式的领导与院士专家们

二 领导与嘉宾签名

美国科学院院士、中国科学院外籍院士、国际水稻研究所原育种系主任、首席育种家 Khush 博士

中国工程院院士、扬州大学张洪程教授

中国工程院院士、江西省农业科学院原院长颜龙安研究员

中国工程院一局副局长左家和先生

江苏农业科学院原副院长
邹江石研究员

巴基斯坦 Meskay and Femtee Trading Company（PVT）LTD
总裁 Shahid Tawawalla 先生

广东省农业农村厅副厅长
黄斌民先生

附录3　纪念水稻矮化育种60周年系列活动掠影
Appendices 3　Glimpses of Commemorative Activities for the 60th Anniversary of Rice Semidwarf Breading

泰国农业部稻米司瓦拉蓬·恰玛日可（Varapong Chamarerk）博士

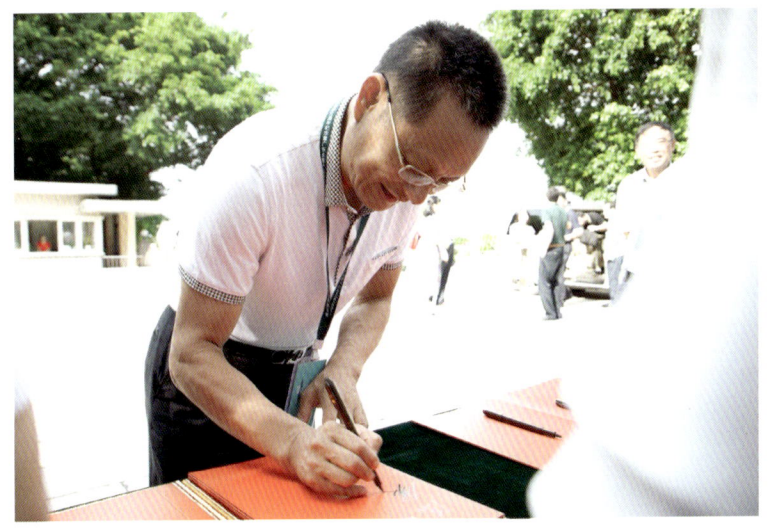

江西农业大学副校长贺浩华教授

海南省农业科学院副院长曹兵研究员

江西农业大学副校长黄英金教授

三 塑像落成典礼

广东省农业科学院党委书记廖森泰主持大会

附录3　纪念水稻矮化育种60周年系列活动掠影
Appendices 3　Glimpses of Commemorative Activities for the 60th Anniversary of Rice Semidwarf Breading

中共广东省委常委叶贞琴在落成典礼上致辞

揭幕仪式现场

塑像揭幕（右侧）：黄耀祥院士儿子黄冉兑先生（左1）、农业农村部科教司司长廖西元（左2），广东省人民政府副秘书长郑伟仪（左3）、中国工程院一局副局长左家和（右3），华南农业大学副校长咸春龙（右2），广东省农业科学院水稻研究所所长王丰（右1）

附录3　纪念水稻矮化育种60周年系列活动掠影
Appendices 3　Glimpses of Commemorative Activities for the 60th Anniversary of Rice Semidwarf Breading

中国稻作科学之父——丁颖院士塑像与半矮秆水稻之父——黄耀祥院士塑像

黄耀祥院士纪念馆开馆仪式

黄耀祥纪念馆牌匾

中共广东省委常委叶贞琴(左2)、农业农村部科教司司长廖西元(右2)在纪念馆详细了解黄耀祥院士生平

中共广东省委常委叶贞琴(左2)、农业农村部科教司司长廖西元(左1)、全国农业技术推广服务中心副书记刘信(右1)参观纪念馆

附录3　纪念水稻矮化育种60周年系列活动掠影
Appendices 3　Glimpses of Commemorative Activities for the 60th Anniversary of Rice Semidwarf Breading

广东省水稻产业技术体系首席专家钟旭华（1排左）向国际水稻研究所原育种系主任、首席育种家Khush博士（1排右）介绍纪念馆内容

广东省农业科学院党委书记廖森泰（1排右）陪同中共广东省委常委叶贞琴（2排中）和农业农村部科教司司长廖西元（1排左）参观纪念馆

参加塑像落成典礼和纪念馆开馆仪式的领导和专家合影（前排从左至右：张洪程院士、邓兴旺院士、陈温福院士、颜龙安院士、省委常委叶贞琴、Khush博士、谢华安院士、林鸿宣院士、韩斌院士）

附录3　纪念水稻矮化育种60周年系列活动掠影
Appendices 3　Glimpses of Commemorative Activities for the 60th Anniversary of Rice Semidwarf Breading

水稻矮化育种60周年暨水稻产业科技大会

水稻矮化育种60周年暨水稻产业科技大会开幕式

水稻矮化育种60周年暨水稻产业科技大会开幕式现场（柯木塱基地）

中共广东省委常委叶贞琴在开幕式上致辞

美国科学院院士、中国科学院外籍院士、国际水稻研究所原育种系主任、首席育种家Khush博士作为外国专家代表在开幕式上讲话

农业农村部科教司司长廖西元致辞

附录3　纪念水稻矮化育种60周年系列活动掠影
Appendices 3　Glimpses of Commemorative Activities for the 60th Anniversary of Rice Semidwarf Breading

—— 广东丝苗米产业发展要素平台签约

—— 纪念水稻矮化育种60年的稻田画（柯木塱基地）

—— 张洪程院士（左2）和颜龙安院士（左4）考察广东省农业现代装备展

广东省农业科学院水稻研究所所长王丰（左1）陪同颜龙安院士（左4）考察广东水稻矮化育种新成果

陈温福院士（左3）、颜龙安院士（右3）和张洪程院士（左2）考察广东丝苗米产业园产品展

颜龙安院士（右1）和谢华安院士（左1）参观展览后一起讨论广东丝苗米产业发展情况

附录3　纪念水稻矮化育种60周年系列活动掠影
Appendices 3　Glimpses of Commemorative Activities for the 60th Anniversary of Rice Semidwarf Breading

陈温福院士（右3）、颜龙安院士（右4）和张洪程院士（左3）考察广东海纳农业有限公司丝苗米产品

张洪程院士（左2）、谢华安院士（右3）、颜龙安院士（左3）和江苏省农业科学院王才林研究员（右2）考察广东丝苗米产业园产品展

美国科学院院士、中国科学院外籍院士、国际水稻研究所原育种系主任、首席育种家Khush博士体验智能动感新设备

谢华安院士体验农机新机械设备

广东丝苗米产业联盟理事长林青山（右2）和副理事长、技术委员会主任王丰（左1）、专家委员会委员江奕君（右1）陪同颜龙安院士（左4）、谢华安院士（左5）、韩斌院士（右3）、林鸿宣院士（左2）、陈温福院士（左3）和张洪程院士（右4）参观广东丝苗米馆

纪念水稻矮化育种60周年国际学术研讨会

广东省农业科学院副院长易干军主持学术研讨会

纪念水稻矮化育种60周年国际学术研讨会现场

学术报告开始之前播放宣传片《黄耀祥——半矮秆水稻之父》

中国工程院一局副局长左家和讲话

附录3　纪念水稻矮化育种60周年系列活动掠影
Appendices 3　Glimpses of Commemorative Activities for the 60th Anniversary of Rice Semidwarf Breading

院士代表谢华安院士讲话

广东省农业科学院党委书记廖森泰讲话

广东省农业科学院水稻研究所所长王丰做题为《绿色革命六十载,天下粮安系终生——半矮秆水稻之父黄耀祥院士的学术成就回顾》的报告

美国科学院院士、中国科学院外籍院士Khush做题为 *Rice-Chinese gift to the world* 的报告

附录3　纪念水稻矮化育种60周年系列活动掠影
Appendices 3　Glimpses of Commemorative Activities for the 60th Anniversary of Rice Semidwarf Breading

中国工程院陈温福院士做题为《我国的优质粳稻生产》的报告

中国科学院林鸿宣院士做题为《水稻响应高温的遗传机制》的报告

中国科学院韩斌院士做题为《基因组辅助设计育种》的报告

美国科学院院士、北京大学现代农学院学术委员会主任邓兴旺做题为《广三系不育系的培育优点及将来水稻生产中的利用》的报告

附录3　纪念水稻矮化育种60周年系列活动掠影
Appendices 3　Glimpses of Commemorative Activities for the 60th Anniversary of Rice Semidwarf Breeding

泰国 Varapong Chamarerk 博士做题为 *Thailand standards for rice* 的报告

泰国 Kanchana Klakhaeng 博士做题为 *Rice brand management in Thailand* 的报告

中国水稻研究所所长程式华做题为《供给侧结构性改革下的水稻育种策略》的报告

巴基斯坦Meskay and Femtee Trading Company（PVT）LTD总裁Shahid Tawawalla先生做报告

附录3 纪念水稻矮化育种60周年系列活动掠影
Appendices 3 Glimpses of Commemorative Activities for the 60th Anniversary of Rice Semidwarf Breading

出席纪念水稻矮化育种60周年国际学术研讨会的领导与专家合影